SINGAPORE

Guida Completa

Explore Ensemble

Copyright © 2023 Explore Ensemble

Tutti i diritti riservati

I personaggi e gli eventi rappresentati in questo libro sono immaginari. Qualsiasi somiglianza a persone reali, vive o morte, è casuale e non voluta dall'autore.

Nessuna parte di questo libro può essere riprodotta o archiviata in un sistema di recupero né trasmessa in qualsivoglia forma o mediante qualsiasi mezzo, elettronico, meccanico, tramite fotocopie o registrazioni o in altro modo, senza l'autorizzazione scritta esplicita dell'editore.

SOMMARIO

Frontespizio
Copyright
Periodo Migliore per Visitare: 4
Documenti e Visto 6
Pianificazione del viaggio 10
Zone Strategiche per Alloggiare a Singapore: Scopri dove Soggiornare nella Città-Stato 12
Alloggi economici 15
Alloggi lussuosi 17
Lista di Viaggio: Cosa Mettere in Valigia 20
Scalo e durata volo 22
Dopo l'arrivo 24
Abbonamenti consigliati 27
Acquisto di una SIM Prepagata a Singapore: Guida e Costi 30
Mezzi per Raggiungere l'Alloggio a Singapore: Guida Pratica 32
La stazione centrale di Singapore 37
Attrazioni Principali 40
Gardens by the Bay: Un'oasi di Natura Futuristica a Singapore 41
Sentosa Island: Un Paradiso Tropicale di Divertimento a Singapore 45
Universal Studios Singapore: Un'Avventura Cinematografica 47

a Sentosa

S.E.A. Aquarium: Un Viaggio Immersivo nei Fondali Marini a Sentosa — 50

Adventure Cove Waterpark: Divertimento Acquatico Avventuroso a Sentosa — 52

Sentosa Merlion: Un'iconica Attrazione con Vista Panoramica a Sentosa — 55

Le Spiagge di Sentosa: Relax e Divertimento al Sole a Singapore — 59

Marina Bay Sands: Un'iconica Oasi di Intrattenimento a Singapore Ubicazione: — 63

Chinatown a Singapore: Un'Esperienza Culturale e Gastronomica Unica — 74

Little India a Singapore: Un'Esperienza Culturale Vibrante — 89

Cucina e Ristoranti — 98

Esperienze Gastronomiche di Lusso e Cucina Internazionale a Singapore — 102

Shopping a Singapore — 104

Esplorare Bugis Street a Singapore: Shopping, Cibo e Cultura Urbana — 107

Esplorare VivoCity e HarbourFront a Singapore: Shopping, Cibo e Vista sul Mare — 109

Vita Notturna — 111

Esplorare Boat Quay a Singapore: Ristoranti, Bar e Vista sul Fiume — 113

Eventi e Festival — 117

Consigli per i Viaggiatori — 120

Escursioni e Attività nelle Vicinanze — 125

Esplorare l'Isola di Pulau Ubin: Ritorno al Passato in un Angolo Incontaminato di Singapore — 129

Esperienza Indimenticabile al Night Safari di Singapore: Un Safari Notturno Unico al Mondo	131
Consigli Utili	135
Ambasciate e Consolati Italiani a Singapore: Assistenza per i Cittadini Italiani Ambasciata d'Italia	136
Uffici Turistici	137

Introduzione

Panoramica su Singapore

Singapore è una città-stato situata nell'Asia sudorientale, con una posizione geografica strategica al crocevia tra l'Est e l'Ovest.

Caratterizzata da un'incredibile miscela di culture, architettura moderna, tradizioni affascinanti e una vivace scena gastronomica, Singapore è diventata una delle destinazioni più popolari per i viaggiatori di tutto il mondo. Ecco una panoramica su alcuni degli aspetti chiave di questa affascinante città-stato:

- **Storia e Cultura:**

    Singapore ha una storia ricca e variata che comprende l'influenza di culture come la cinese, la malese, l'indiana e la britannica.

    Originariamente un piccolo insediamento di pescatori, Singapore è diventata una colonia britannica nel 1819 e successivamente ha fatto parte della Federazione della Malesia prima di diventare indipendente nel 1965.

    La diversità etnica si riflette nella società multiculturale di Singapore, dove coesistono armoniosamente molte comunità.

- **Economia e Prosperità:**

    Singapore è notoriamente conosciuta per la sua economia

fiorente e il suo ruolo come hub finanziario e commerciale dell'Asia.

Il porto di Singapore è uno dei porti più trafficati al mondo, svolgendo un ruolo cruciale nel commercio globale.

La città-stato ha raggiunto un notevole successo economico grazie a politiche proattive, una forza lavoro altamente qualificata e un ambiente favorevole agli affari.

- **Architettura Moderna:**

    La skyline di Singapore è dominata da grattacieli moderni e strutture architettoniche iconiche.

    Il complesso Marina Bay Sands, con la sua piscina a sfioro al 57º piano, è diventato un simbolo distintivo della città.

    Gardens by the Bay è un altro esempio impressionante di architettura sostenibile con le sue Supertree Grove.

- **Gastronomia e Cucina:**

    La cucina di Singapore è un'esplosione di sapori, influenze e tradizioni culinarie provenienti da diverse culture.

    I cibi di strada nei cosiddetti "hawker centres" offrono un'ampia varietà di piatti deliziosi a prezzi accessibili.

    La diversità gastronomica riflette la popolazione cosmopolita di Singapore.

- **Attrazioni Turistiche:**

    Tra le principali attrazioni ci sono Gardens by the Bay, Sentosa Island, Marina Bay Sands, Chinatown, Little India e molto altro.

    La città offre una combinazione unica di attrazioni moderne e luoghi storici che riflettono la sua ricca eredità culturale.

Singapore continua a evolversi come una destinazione affascinante che mescola abilmente modernità e tradizione, offrendo ai visitatori un'esperienza unica e indimenticabile.

Clima a Singapore:

Singapore ha un clima equatoriale, caratterizzato da temperature elevate e una forte umidità durante tutto l'anno. Non ci sono stagioni distinte, ma si può suddividere il clima in due periodi principali:

- **Stagione delle Piogge (novembre - gennaio e maggio - luglio):**

    Durante questi mesi, si verifica una maggiore quantità di pioggia, con acquazzoni intensi e frequenti temporali.
    Le temperature rimangono elevate, ma la pioggia può influire sulle attività all'aperto.

- **Stagione Asciutta (febbraio - aprile e agosto - ottobre):**

    Questi sono i periodi in cui ci sono meno piogge, e il clima è generalmente più asciutto e soleggiato.
    Le temperature rimangono elevate, con un aumento della sensazione di calore dovuta all'umidità.

PERIODO MIGLIORE PER VISITARE:

Il periodo migliore per visitare Singapore dipende dalle preferenze individuali e dalle attività pianificate. Tuttavia, molti visitatori preferiscono evitare i mesi più piovosi per godere appieno delle attrazioni e delle attività all'aperto. Quindi, i mesi ideali per visitare Singapore sono generalmente durante la stagione secca, che va da febbraio ad aprile e da agosto a ottobre. Durante questi mesi, le condizioni climatiche sono più favorevoli per esplorare la città senza essere disturbati dalle piogge frequenti.

È importante notare che Singapore è una destinazione popolare durante tutto l'anno grazie al suo clima relativamente costante. Sebbene ci siano variazioni nelle precipitazioni, è sempre consigliabile portare un ombrello o un impermeabile leggero, indipendentemente dalla stagione, poiché i rovesci improvvisi possono verificarsi in qualsiasi momento.

Lingua a Singapore:

Singapore è una nazione multiculturale con quattro lingue ufficiali: inglese, malese, mandarino e tamil. L'inglese è ampiamente utilizzato e compreso in tutto il paese, ed è la lingua predominante nei settori dell'istruzione, degli affari, del governo e del turismo. Questa diversità linguistica riflette la composizione etnica variegata della popolazione di Singapore.

Valuta a Singapore:

La valuta ufficiale di Singapore è il dollaro di Singapore (SGD). Il dollaro di Singapore è suddiviso in 100 cent. Le banconote e le monete di SGD sono emesse dall'Autorità Monetaria di Singapore (MAS). Le transazioni sono comuni con carte di credito e debito, e i bancomat sono ampiamente disponibili per i prelievi in valuta locale.

1 dollaro di Singapore vale circa 0,62-0,66 euro. Tuttavia, per

ottenere la conversione esatta al momento del tuo viaggio, ti consiglio di verificare i tassi di cambio aggiornati presso una banca, un ufficio di cambio valuta o utilizzando una fonte affidabile online.

Molte attività commerciali e strutture turistiche accettano carte di credito internazionali, rendendo comodo l'utilizzo di carte durante la visita a Singapore. Tuttavia, è sempre utile avere una piccola quantità di contante per le spese quotidiane e per luoghi che potrebbero non accettare carte di credito.

DOCUMENTI E VISTO
Documenti e Visto per viaggiare a Singapore dall'Italia:
- **Passaporto:**

    - cittadini italiani che desiderano viaggiare a Singapore devono essere in possesso di un passaporto valido per almeno seimesi dalla data di arrivo.

- **Visto:**

    - cittadini italiani possono generalmente visitare Singapore per motivi turistici senza richiedere un visto se la permanenza nonsupera i 90 giorni.

    Tuttavia, le norme sui visti possono variare, quindi è consigliabile verificare le informazioni più recenti presso l'ambasciata di Singapore o il sito ufficiale del governo di Singapore prima della partenza.

- **Visto per motivi di lavoro o studio:**

    Per viaggi di lavoro o studio, potrebbero essere necessari visti specifici. È consigliabile contattare l'ambasciata di Singapore per ottenere informazioni dettagliate sul processo di richiesta del visto.

- **Assicurazione Viaggio:**

    Anche se non è obbligatoria, è consigliabile avere un'assicurazione viaggio che copra eventuali spese mediche e altre emergenze durante il soggiorno a Singapore.

- **Vaccinazioni:**

    Alcune vaccinazioni potrebbero essere consigliate o richieste. Consulta il tuo medico o un centro di vaccinazione internazionale per le informazioni più aggiornate.

- **Biglietto di Ritorno:**

    Potrebbe essere richiesto un biglietto di ritorno o un itinerario confermato come prova della tua intenzione di lasciare Singapore prima della scadenza del tuo permesso di soggiorno.

Ricorda che le norme e i requisiti di viaggio possono cambiare, quindi è consigliabile verificare regolarmente le informazioni prima della partenza. Contatta l'ambasciata di Singapore o visita il sito web ufficiale dell'immigrazione di Singapore per le informazioni più recenti.

Ottenere il Visto per Singapore dall'Italia:

Per i cittadini italiani che desiderano visitare Singapore, il processo per ottenere un visto può variare a seconda dello scopo della visita. Di seguito sono fornite le informazioni generali. Tuttavia, si consiglia di verificare le ultime informazioni presso l'Ambasciata di Singapore o sul sito web ufficiale del governo di Singapore, poiché le normative possono cambiare.

- **Visto Turistico:**

    I cittadini italiani possono generalmente visitare Singapore senza un visto per motivi turistici per un massimo di 90 giorni.

    Non è richiesto alcun processo di richiesta del visto in

anticipo. Basta presentare un passaporto valido all'arrivo.

- **Visto per Motivi di Lavoro o Studio:**

    Per coloro che intendono lavorare o studiare a Singapore, potrebbe essere richiesto un visto specifico.

    Per ottenere un visto di lavoro o studio, è necessario presentare domanda presso l'Ambasciata di Singapore o il Consolato di Singapore.

- **Processo di Richiesta del Visto:**

    Per la maggior parte dei visti, è possibile compilare il modulo di richiesta online o scaricare il modulo dal sito web ufficiale dell'ambasciata.

    Potrebbe essere richiesto un appuntamento presso l'ambasciata o il consolato.

- **Documentazione Richiesta:**

    La documentazione richiesta può variare a seconda del tipo di visto richiesto, ma in genere include il passaporto valido, una foto recente, la lettera di invito (se necessario), il biglietto aereo di ritorno e la prova dei mezzi finanziari.

- **Costi del Visto:**

    I costi del visto possono variare in base al tipo di visto richiesto e alla durata del soggiorno.

    Consultare il sito web ufficiale dell'ambasciata o del consolato di Singapore per ottenere informazioni specifiche sui costi.

- **Tempi di Elaborazione:**

    - tempi di elaborazione del visto possono variare. È consigliabile presentare la domanda con un margine di tempo sufficiente prima della data di partenza pianificata.

Per informazioni più precise e aggiornate, si consiglia di contattare direttamente l'Ambasciata di Singapore o il Consolato di Singapore in Italia.

EXPLOREENSEMBLE

PIANIFICAZIONE DEL VIAGGIO

Guida Passo-passo alla Prenotazione di un Volo con l'Uso di una VPN

Prenotare un volo utilizzando una VPN può essere utile per garantire la sicurezza e la privacy dei tuoi dati. Tuttavia, è importante farlo nel rispetto delle politiche delle compagnie aeree e delle leggi locali. Segui questi passaggi per una prenotazione sicura e tranquilla:

Passo 1: Scegli e Installa una VPN Affidabile

Scegli una VPN con recensioni positive e funzionalità adatte alle tue esigenze. Installa l'applicazione sul dispositivo che utilizzerai per prenotare il volo.

Passo 2: Connetti la VPN

Avvia l'applicazione VPN e connettiti a un server. Puoi scegliere un server in un paese specifico, ma considera che alcune compagnie aeree potrebbero limitare l'accesso o avere politiche diverse in base alla tua posizione.

Passo 3: Visita il Sito Web della Compagnia Aerea o un Motore di

Ricerca Volo

Accedi al sito web della compagnia aerea o utilizza un motore di ricerca volo. Effettua la ricerca del volo inserendo le tue preferenze di viaggio.

Passo 4: Completamento della Prenotazione

Dopo aver selezionato il volo desiderato, procedi con la prenotazione seguendo le istruzioni del sito. Inserisci i dati richiesti, inclusi i dettagli del passeggero e le informazioni di pagamento.

Passo 5: Pagamento Sicuro

Assicurati di utilizzare una connessione sicura e inserisci le informazioni di pagamento. Molte compagnie aeree offrono opzioni di pagamento sicure, come carte di credito o servizi di pagamento online.

Passo 6: Verifica la Prenotazione

Dopo il pagamento, verifica la conferma della prenotazione. Assicurati di ricevere un'email di conferma e controlla attentamente tutti i dettagli del volo.

Passo 7: Disconnessione dalla VPN

Dopo aver completato la prenotazione, disconnettiti dalla VPN. Alcune compagnie aeree potrebbero bloccare l'accesso attraverso una VPN, e disconnettendoti garantirai che la tua transazione sia conforme alle politiche del sito web.

Ricorda che l'uso di una VPN dovrebbe essere effettuato nel rispetto delle leggi e delle regolamentazioni locali. Consulta sempre le politiche della compagnia aerea e utilizza la VPN in modo etico.

ZONE STRATEGICHE PER ALLOGGIARE A SINGAPORE: SCOPRI DOVE SOGGIORNARE NELLA CITTÀ-STATO

A Singapore, la scelta della zona in cui alloggiare è cruciale per ottimizzare la tua esperienza di viaggio. Ecco alcune delle zone più strategiche, ognuna con il suo fascino distintivo:

- **Marina Bay: Il Cuore di Singapore**

  Ideale per chi cerca l'eleganza e l'azione. Con l'iconico Marina Bay Sands, centri commerciali lussuosi e spettacoli notturni, è la zona degli affari e dell'intrattenimento.

- **Orchard Road: Lo Shopping nel Centro**

  Il paradiso dello shopping con boutique di lusso e centri commerciali. Perfetto per gli amanti dello shopping e chi cerca una vasta gamma di opzioni culinarie.

- **Chinatown: Autenticità Storica**

Immerso nella cultura, offre templi storici, mercati tradizionali e autentici ristoranti cinesi. Ideale per un'esperienza autentica e culturale.

- **Little India: Un Pezzo di India a Singapore**

    Con mercati vibranti, templi colorati e cucina indiana autentica, è perfetto per chi cerca un'atmosfera vivace e la diversità culturale di Singapore.

- **Bugis: Al Centro dell'Azione**

    Con il vivace mercato di Bugis Street e centri commerciali, è un mix di cultura, shopping e divertimento. Adatto a chi desidera una posizione centrale.

- **Sentosa: L'Oasi di Relax e Divertimento**

    Un'isola-resort con spiagge, attrazioni turistiche e hotel di lusso. Ideale per chi cerca una fuga dal trambusto urbano.

SINGAPORE

ALLOGGI ECONOMICI

I prezzi degli alloggi a Singapore possono variare notevolmente a seconda della tipologia di alloggio, della posizione e della stagione.

Ecco alcune stime approssimative dei prezzi per diverse tipologie di alloggi economici a Singapore:

- **Ostelli:** I prezzi per un letto in un dormitorio in un ostello possono variare da circa 20 a 50 euro a notte, a seconda della posizione e delle strutture offerte.
- **Guesthouse:** Le tariffe per una guesthouse economica possono iniziare da circa 40 a 80 euro a notte per una camera doppia.
- **Hotel a Basso Costo:** Gli hotel a basso costo possono avere tariffe comprese tra 50 e 100 euro a notte per una camera doppia.
- **Case Vacanze e Appartamenti:** Il costo di un appartamento o di una casa vacanze può variare notevolmente. Tuttavia, le tariffe medie possono partire da circa 60-100 euro a notte per un appartamento.

Ricorda che queste sono stime approssimative e i prezzi effettivi possono variare in base alla stagione, alla disponibilità e ad altri fattori. È sempre consigliabile verificare i prezzi aggiornati su siti di prenotazione come Booking.com, Airbnb o altri servizi simili prima di effettuare la prenotazione.

Ecco una lista approssimativa di alloggi economici a Singapore con la localizzazione generale. Tuttavia, ti consiglio di verificare sempre le recensioni recenti e le tariffe aggiornate prima di prenotare:

- **The Pod Boutique Capsule Hotel** *Localizzazione:* Downtown Singapore
- **Beary Best! Hostel**

    Localizzazione: Chinatown
- **Dream Lodge**

    Localizzazione: Little India
- **Hotel 81**

    Localizzazione: Diverse aree a Singapore
- **Fragrance Hotel**

    Localizzazione: Diverse aree a Singapore
- **The Bohemian Chic Hostel**

    Localizzazione: Geylang
- **ibis Budget Singapore**

    Localizzazione: Diverse aree a Singapore
- **5footway.inn Project Boat Quay**

    Localizzazione: Boat Quay
- **ST Signature Bugis Beach**

    Localizzazione: Bugis

ALLOGGI LUSSUOSI

A Singapore, ci sono numerosi hotel di lusso che offrono servizi e comfort di alto livello. Questi alloggi sono spesso situati nelle zone centrali della città e offrono viste panoramiche, servizi di classe mondiale e un'esperienza di soggiorno di lusso. Ecco alcuni degli hotel di lusso a Singapore:

- **Marina Bay Sands:**

    Localizzazione: Marina Bay
    Con la sua iconica piscina a sfioro, Marina Bay Sands è uno degli hotel più prestigiosi di Singapore. Offre una vista spettacolare sulla città.

- **The Ritz-Carlton, Millenia Singapore:**

    Localizzazione: Marina Bay

    Un hotel di lusso con servizi esclusivi, stanze eleganti e una posizione privilegiata vicino a Marina Bay.

- **Four Seasons Hotel Singapore:**

    Localizzazione: Orchard Road
    Situato nella vivace zona di Orchard Road, offre camere e suite di lusso e servizi impeccabili.

- **St. Regis Singapore:**

    Localizzazione: Orchard Road
    Un hotel di lusso che combina il glamour classico con comfort moderni, noto per il suo servizio di butler personale.

- **Capella Singapore:**

    Localizzazione: Sentosa
    Situato sull'isola di Sentosa, offre un rifugio lussuoso con ville private, piscine a sfioro e servizio personalizzato.

- **The Fullerton Bay Hotel:**

Localizzazione: Marina Bay
Un hotel boutique di lusso con viste panoramiche sulla baia, camere eleganti e un ristorante sulla terrazza.

- **Mandarin Oriental, Singapore:**

   Localizzazione: Marina Bay
   Offre camere e suite di lusso con una posizione invidiabile vicino a Marina Bay.

- **W Singapore - Sentosa Cove:**

   Localizzazione: Sentosa
   Un hotel moderno e chic situato a Sentosa Cove, offrendo una fuga lussuosa vicino alla spiaggia.

- **Shangri-La Hotel, Singapore:**

   Localizzazione: Orchard Road
   Un'icona di lusso con giardini rigogliosi, servizi di classe mondiale e ristoranti premiati.

- **The Fullerton Hotel Singapore:**

   Localizzazione: Marina Bay
   Un hotel storico e di lusso situato vicino al fiume Singapore, con una vista mozzafiato sulla città.

Prezzi da 450€ a 600€ a notte

Ricorda che i prezzi per questi alloggi di lusso possono variare notevolmente a seconda della stagione e della tipologia di camera selezionata. Verifica le tariffe e le recensioni aggiornate prima di effettuare la prenotazione.

10. **COO Boutique Hostel**

   Localizzazione: Tiong Bahru

Ricorda che le localizzazioni possono essere approssimative e che le tariffe possono variare in base alla stagione e ad altri fattori. Prima di prenotare, assicurati di controllare recensioni recenti e tariffe aggiornate su siti di prenotazione online.

Scegli la zona che meglio si adatta alle tue preferenze e goditi al massimo la tua esperienza a Singapore!

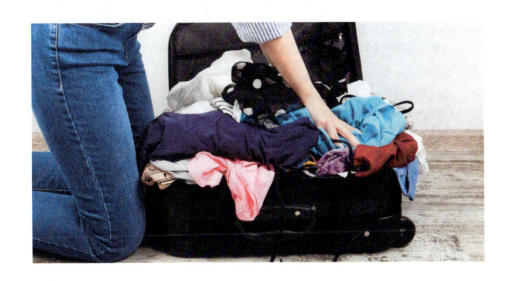

LISTA DI VIAGGIO: COSA METTERE IN VALIGIA

La scelta di cosa mettere in valigia dipende dalla destinazione, dalla durata del viaggio e dalle attività pianificate. Tuttavia, ecco una lista di elementi essenziali che potresti voler considerare per un viaggio generico. Adatta questa lista in base alle tue esigenze specifiche:

Abbigliamento:

- **Magliette e Camicie:** In base al clima, caldo o freddo.
- **Pantaloni o Gonne:** A seconda delle tue preferenze e del clima.
- **Giacca o Felpa Leggera:** Per le serate più fresche.
- **Scarpe Comode:** Per camminare o per eventuali attività sportive.

Intimo e Calzini:

- **Intimo Sufficiente per la Durata del Viaggio.**
- **Calzini Comodi e Adatti alle Attività Pianificate.**

Abbigliamento da Notte:

- **Pigiama o Indumenti da Notte.**

Abbigliamento da Bagno:

- Costume da Bagno.
- Asciugamano da Spiaggia o Asciugamano Veloce.

Accessori:

- Occhiali da Sole.
- Cappello o Berretto.
- Articoli da Toeletta:
    Spazzolino e Pasta Dentifricia.
    Shampoo e Balsamo.
    Sapone o Gel Doccia.
    Deodorante.
    Creme o Prodotti per la Cura della Pelle.
    Rasoio o Prodotti per la Rasatura (se necessario).

Tecnologia e Accessori Elettronici:

- Telefono e Caricabatterie.
- Adattatori di Presa.
- Cuffie o Auricolari.
- Fotocamera o Videocamera (se necessario).

Documenti e Oggetti Importanti:

- Passaporto e Visto (se necessario).
- Biglietti Aerei o di Viaggio.
- Carte di Credito/Debito.
- Assicurazione di Viaggio.
- Guida Turistica o Mappe della Zona.

Medicinali e Pronto Soccorso:

- Farmaci Prescritti o Necessari.
- Kit di Pronto Soccorso con Cerotti, Antidolorifici, ecc.

Ricorda di personalizzare questa lista in base alle tue esigenze specifiche e alla destinazione del viaggio.

SCALO E DURATA VOLO

Per i voli dall'Italia a Singapore, la durata e gli scali possono variare a seconda della città di partenza, della compagnia aerea scelta e delle opzioni di volo disponibili. Di seguito, fornisco alcune informazioni generali sulla durata e gli scali per alcuni voli comuni dall'Italia a Singapore:

Esempi di Voli e Durata Approssimativa:

- **Volo da Roma (Fiumicino) a Singapore:**

    Durata diretta: Circa 11-13 ore.
    Possibili scali: Alcuni voli possono includere uno o più scali, ad esempio a Istanbul, Doha o Dubai.

- **Volo da Milano (Malpensa) a Singapore:**

    Durata diretta: Circa 11-13 ore.
    Possibili scali: Alcuni voli possono prevedere uno o più scali, ad esempio a Doha, Istanbul o Dubai.

- **Volo da Venezia a Singapore:**

    Durata diretta: La maggior parte dei voli sarà con scali e la durata complessiva dipenderà dalla rotta scelta.

4. **Volo da Milano (Linate) a Singapore:**

    Durata diretta: La maggior parte dei voli sarà con scali e la durata complessiva dipenderà dalla rotta scelta.

Ricorda che queste sono stime approssimative e che la durata effettiva e la presenza di scali possono variare in base alle opzioni di volo disponibili al momento della prenotazione. Verifica sempre i dettagli specifici della tua tratta durante il processo di prenotazione.

DOPO L'ARRIVO

JetLag

Affrontare il jet lag può essere una sfida, ma ci sono alcune strategie che possono aiutarti ad adattarti più rapidamente al nuovo fuso orario. Ecco alcuni consigli per affrontare il jet lag:

- **Regola il Tuo Orologio Biologico Prima della Partenza:**

    Cerca di adattare gradualmente il tuo orologio biologico ai nuovi orari del luogo di destinazione qualche giorno prima della partenza. Modifica gradualmente l'orario a cui ti addormenti e ti svegli per ridurre l'impatto del cambio di fuso orario.

- **Idratazione:**

    Bevi molta acqua prima, durante e dopo il volo. L'aria all'interno degli aerei tende ad essere secca, e l'idratazione aiuta a contrastare questo effetto e a mantenere il tuo corpo in buona salute.

- **Esposizione alla Luce Solare:**

    Esponiti alla luce del sole del nuovo fuso orario il prima

possibile dopo il tuo arrivo. La luce naturale aiuta a regolare il ritmo circadiano e a adattare il tuo corpo al nuovo orario locale.

- **Rispetta gli Orari dei Pasti e del Sonno Locali:**

    Cerca di adattarti rapidamente agli orari dei pasti e del sonno del tuo nuovo fuso orario. Mangiare nei momenti giusti e mantenere un ritmo sonno-veglia coerente può aiutare il tuo corpo a sincronizzarsi.

- **Evita Alcol e Caffeina:**

    Limita il consumo di alcol e caffeina durante il volo, poiché possono influenzare negativamente il tuo sonno e il tuo livello di idratazione.

- **Pianifica un Riposo Adeguato:**

    Organizza il tuo viaggio in modo da poter riposare adeguatamente dopo il tuo arrivo. Se possibile, evita di programmare impegni intensi subito dopo il volo.

- **Supplementi Melatonina:**

    La melatonina è un ormone naturale del sonno. In alcuni casi, l'assunzione di melatonina a basso dosaggio può aiutare a regolare il sonno durante i primi giorni in un nuovo fuso orario. Consulta il tuo medico prima di utilizzare integratori.

- **Esercizio Fisico Moderato:**

    L'esercizio fisico moderato può aiutare ad alleviare il jet lag. Cerca di fare una breve passeggiata o una leggera attività fisica dopo il tuo arrivo.

- **Non Forzare il Sonno:**

    Se non riesci a dormire, cerca di rilassarti e non forzare il sonno. Resta sveglio fino a quando non è il momento di andare a letto secondo il nuovo fuso orario.

Ricorda che ogni persona reagisce in modo diverso al jet lag, e ciò che funziona per uno potrebbe non funzionare per un altro. Sperimenta diverse strategie per vedere cosa è più efficace per te.

ABBONAMENTI CONSIGLIATI

Dopo il tuo arrivo a Singapore, potresti voler considerare diversi tipi di abbonamenti che rendono più facile e conveniente esplorare la città. Ecco alcuni suggerimenti sugli abbonamenti che potrebbero essere utili a Singapore:

- **Ez-link Card o NETS FlashPay:**

    Queste sono carte contactless ricaricabili che puoi utilizzare per viaggiare su autobus, treni e altri mezzi di trasporto pubblico a Singapore. Il costo iniziale della carta è generalmente di circa 5 SGD, che include un deposito rimborsabile. Puoi ricaricare la carta secondo le tue esigenze.

- **Singapore Tourist Pass:**

    Disponibile per 1, 2 o 3 giorni consecutivi, il Singapore Tourist Pass offre viaggi illimitati su trasporti pubblici. I prezzi variano a seconda della durata del pass e possono andare da circa 10 SGD a 20 SGD o più.

- **Abbonamento ai Musei:**

    Il "Singapore Museum Pass" offre accesso a diverse attrazioni culturali. I prezzi possono variare, ma un pass di base potrebbe costare circa 20 SGD con opzioni più estese a prezzi superiori.

- **Gym Memberships:**

    Gli abbonamenti alle palestre possono variare notevolmente. I costi mensili possono iniziare da circa 80 SGD e andare oltre, a seconda della palestra e dei servizi offerti.

- **Abbonamenti Telefonia Mobile:**

    Le schede SIM locali sono generalmente disponibili a prezzi accessibili, a partire da circa 10 SGD con credito iniziale. Per i piani telefonici a lungo termine, i costi possono variare in base all'operatore e al piano scelto.

- **Community Club Memberships:**

    Le quote di iscrizione ai Community Club possono variare,

ma spesso sono accessibili, con costi che possono iniziare da circa 20 SGD.

- **Libreria o Abbonamento a Biblioteche:**

    L'iscrizione a una biblioteca pubblica è solitamente gratuita. Per l'acquisto di libri o abbonamenti a servizi di lettura online, i prezzi possono variare notevolmente.

- **Abbonamento ai Servizi di Streaming:**

    I costi per abbonamenti a servizi di streaming video o musica variano. Le opzioni più popolari possono iniziare da circa 10 SGD al mese.

Ricorda di valutare i tuoi interessi e le tue esigenze personali prima di scegliere gli abbonamenti più adatti a te. Consulta anche le offerte e le promozioni disponibili al momento del tuo arrivo a Singapore. Considera che questi sono prezzi approssimativi e possono variare.

Verifica sempre i costi aggiornati sul posto o tramite i siti ufficiali dei fornitori di servizi.

ACQUISTO DI UNA SIM PREPAGATA A SINGAPORE: GUIDA E COSTI

Se sei a Singapore e desideri acquistare una SIM prepagata per il tuo telefono, hai diverse opzioni disponibili. Di seguito, ti indico alcuni dei luoghi più comuni dove puoi acquistare una SIM prepagata e una stima approssimativa dei costi:

- **Aeroporto di Changi:**

    Molti visitatori scelgono di acquistare una SIM prepagata direttamente all'aeroporto di Changi, dove sono disponibili diverse compagnie di telefonia. Il costo può variare da circa 10 SGD a 30 SGD, a seconda dell'operatore e del piano scelto.

- **Negozi di Telefonia e Elettronica:**

    Troverai numerosi negozi di telefonia e elettronica in tutto Singapore, soprattutto nei centri commerciali e nelle aree commerciali. Operatori come Singtel, StarHub e M1 offrono SIM prepagate. I costi possono variare da 10 SGD a 30 SGD.

- **Chioschi e Rivenditori Autorizzati:**

Ci sono anche chioschi e rivenditori autorizzati che offrono SIM prepagate. Questi possono essere trovati in diverse aree della città. Assicurati di verificare le offerte disponibili e i costi specifici.

- **Supermercati e Convenience Store:**

    Alcuni supermercati e negozi di convenienza potrebbero offrire SIM prepagate. I costi possono essere simili a quelli dei chioschi e dei negozi di telefonia.

- **Online:**

    Alcuni operatori consentono di acquistare SIM prepagate online e offrono la consegna presso la tua destinazione. Controlla i siti web ufficiali degli operatori per ulteriori dettagli sui costi e sulla disponibilità.

Costi Approssimativi:

Il costo iniziale per una SIM prepagata può variare da circa 10 SGD a 30 SGD, a seconda dell'operatore e dei servizi inclusi. I piani possono includere dati, chiamate locali e internazionali, nonché messaggi.

Ricorda che questi sono solo costi approssimativi e possono variare in base all'operatore, al piano scelto e alle offerte speciali disponibili al momento dell'acquisto. Verifica sempre i dettagli specifici con l'operatore prima di effettuare l'acquisto.

MEZZI PER RAGGIUNGERE L'ALLOGGIO A SINGAPORE: GUIDA PRATICA

Una volta arrivato a Singapore, hai diverse opzioni di trasporto per raggiungere il tuo alloggio. Di seguito, troverai una guida pratica su alcuni dei mezzi di trasporto più comuni:

- **Taxi:**

    I taxi sono facilmente disponibili in tutto Singapore. Puoi prenderne uno direttamente all'aeroporto o chiamarne uno tramite le app di ride-sharing come Grab o i taxi ufficiali presso i taxi stand. I costi possono variare, ma una corsa dall'aeroporto al centro città potrebbe costare circa 20-40 SGD.

- **MRT (Mass Rapid Transit):**

    Il sistema MRT è la rete di treni metropolitani di Singapore ed è un modo efficiente per spostarsi. Puoi prendere il MRT direttamente dall'aeroporto (Changi Airport MRT Station) e proseguire verso la tua destinazione. Il costo varia in base alla distanza percorsa.

- **Autobus Pubblici:**

Gli autobus pubblici coprono l'intera città e offrono un'opzione di trasporto economica. Puoi prendere un autobus dall'aeroporto o da fermate designate per raggiungere la tua zona. Il costo dipende dalla distanza percorsa.

- **Shuttle Bus:**

    Alcuni alberghi offrono servizi di navetta dall'aeroporto per i loro ospiti. Verifica se il tuo alloggio offre questo servizio e

    pianifica di conseguenza.

- **Noleggio Auto:**

    Se preferisci l'indipendenza, puoi noleggiare un'auto. Numerose società di noleggio auto oper

ano a Singapore, e gli sportelli si trovano anche presso l'aeroporto. I costi del noleggio dipendono dal tipo di veicolo e dalla durata del noleggio.

- **Trasferimenti Privati:**

    Alcune compagnie offrono servizi di trasferimento privato, che possono essere prenotati in anticipo. Un autista ti aspetterà all'aeroporto e ti porterà direttamente al tuo alloggio. I costi variano in base alla distanza e al tipo di veicolo.

- **Biciclette e Monopattini Elettrici:**

    A Singapore, sono disponibili servizi di noleggio di biciclette e monopattini elettrici. Questi sono ideali per spostamenti brevi e per esplorare la città. Verifica le app locali per questi servizi.

- **A Piedi:**

    Se il tuo alloggio è nelle vicinanze e non hai molte valigie, potresti considerare di camminare, specialmente nelle aree più centrali.

Considerazioni Importanti:

Valuta la distanza dal tuo alloggio all'aeroporto e scegli il mezzo di trasporto più adatto.

Se hai molte valigie o arrivi di notte, potresti preferire opzioni più comode come taxi o trasferimenti privati.

Utilizza app di ride-sharing per calcolare i costi e pianificare gli spostamenti in tempo reale.

Ricorda di prendere in considerazione la tua situazione e preferenze personali quando scegli il mezzo di trasporto per raggiungere il tuo alloggio a Singapore.

Mezzi di Trasporto e Guida su Come Spostarsi a Singapore

Singapore dispone di un sistema di trasporto pubblico efficiente e ben organizzato. Ecco una guida sui principali mezzi di trasporto e su come spostarsi in città:

- **MRT (Mass Rapid Transit):**

    Il sistema MRT è la spina dorsale del trasporto pubblico di Singapore. È rapido, pulito ed efficiente, collegando gran parte della città. Le stazioni MRT sono ben segnalate e coprono le principali zone turistiche. Puoi acquistare biglietti singoli o utilizzare una carta contactless come Ez-link o NETS FlashPay per risparmiare tempo e denaro.

- **Autobus Pubblici:**

    Gli autobus pubblici coprono l'intera città, incluso luoghi non raggiunti dalla MRT. Le tariffe dipendono dalla distanza percorsa, e puoi pagare con la stessa carta contactless utilizzata per il MRT.

- **Taxi:**

I taxi sono facilmente disponibili in strada o presso le app di ride-sharing come Grab. Sono una scelta comoda, specialmente se hai molte valigie o ti sposti di notte. Tieni presente che il pagamento in contanti o con carta di credito è accettato.

- **Noleggio Biciclette e Monopattini Elettrici:**

    A Singapore sono disponibili servizi di noleggio di biciclette e monopattini elettrici, ideali per esplorare le aree più verdi della città o per spostamenti brevi.

- **Auto Noleggio:**

    Se desideri maggiori libertà di movimento, puoi noleggiare un'auto. Tuttavia, considera che il traffico può essere intenso e il costo del parcheggio elevato.

- **Traghetto:**

    Se ti trovi nelle vicinanze di una zona costiera, come Marina Bay o Sentosa, puoi utilizzare i traghetti per spostarti tra le isole o raggiungere il centro città.

- **Trasferimenti Privati:**

    Alcune compagnie offrono servizi di trasferimento privato, ideali per spostamenti comodi dall'aeroporto o per escursioni specifiche.

- **A Piedi:**

    Le aree centrali come Orchard Road e Chinatown sono piacevoli da esplorare a piedi, con marciapiedi ben mantenuti e attraversamenti pedonali sicuri.

Consigli Pratici:

Acquista una carta contactless (Ez-link o NETS FlashPay) per semplificare i pagamenti.

Utilizza app di navigazione e trasporto per pianificare gli spostamenti in tempo reale.

Evita di utilizzare taxi senza licenza e assicurati che il tassista attivi il tassametro.

Scegli il mezzo di trasporto in base alla tua destinazione, alle tue esigenze e alle tue preferenze personali. La diversità delle opzioni rende facile spostarsi in modo efficiente in tutta Singapore.

LA STAZIONE CENTRALE DI SINGAPORE

è comunemente conosciuta come "Singapore City Hall" o "Stazione MRT di City Hall". Ecco alcune informazioni sulla stazione:

Nome Ufficiale:

Stazione MRT di City Hall.

Ubicazione:

La stazione si trova nel cuore del centro finanziario di Singapore, vicino a molte delle principali attrazioni turistiche e luoghi di interesse. È situata sotto il Raffles City Shopping Centre e collegata a diversi altri edifici.

Servizi e Connessioni:

City Hall è una stazione MRT critica, poiché collega la linea East West (Linea Verde) con la linea North South (Linea Rossa).
Questa connessione è cruciale per gli spostamenti all'interno della città e oltre i confini di Singapore.

Attrazioni Vicine:

La stazione è vicina a importanti punti di riferimento come il Raffles City Shopping Centre, il Raffles Hotel, il Museo d'Arte Nazionale e il Parlamento di Singapore. È anche a breve distanza a piedi da luoghi iconici come la Marina Bay Sands e il Merlion Park.

Shopping e Ristoranti:

Data la sua posizione centrale, la stazione è collegata a diverse strutture commerciali e ristoranti. Nel Raffles City Shopping Centre, adiacente alla stazione, troverai una varietà di negozi e opzioni di ristorazione.

Accesso Pedonale:

La stazione è progettata per facilitare l'accesso pedonale. Ci sono passerelle e percorsi pedonali che collegano la stazione a molte aree circostanti.

Orari di Funzionamento:

Le stazioni MRT di Singapore solitamente operano tra le prime ore del mattino e la mezzanotte. Verifica gli orari specifici per garantire che la stazione sia operativa durante il tuo viaggio.

La stazione MRT di City Hall è uno snodo chiave nel sistema di trasporto pubblico di Singapore, offrendo un facile accesso a molte attrazioni, centri commerciali e luoghi di interesse nella città.

Come arrivarci dall'aeroporto

Per raggiungere la stazione City Hall in treno dall'Aeroporto di Changi (Changi Airport MRT Station) a Singapore, puoi seguire questi passaggi:

- **Dall'Aeroporto di Changi:**

    Segui le indicazioni per la stazione MRT dell'aeroporto. L'Aeroporto di Changi ha una stazione MRT integrata, quindi è facilmente accessibile.

- **Acquista un Biglietto o Utilizza una Carta Contactless:**

    Presso la stazione MRT dell'aeroporto, puoi acquistare un biglietto singolo per la tua destinazione o utilizzare una carta contactless come Ez-link o NETS FlashPay. Queste carte sono convenienti e ti permettono di risparmiare tempo durante gli spostamenti.

- **Prendi il Treno in Direzione City Hall:**

    Salta sul treno della linea East West (Linea Verde) in direzione City Hall. Puoi verificare gli orari dei treni sui tabelloni elettronici presenti sulla piattaforma.

- **Viaggia sulla Linea East West MRT:**

La stazione City Hall si trova sulla linea East West MRT, quindi dovrai viaggiare in direzione ovest (West) fino a raggiungerla.

City Hall è una delle stazioni principali, quindi non dovresti avere problemi a individuarla.

- **Arrivo alla Stazione City Hall:**

  Una volta arrivato alla stazione City Hall, scendi dal treno e segui le indicazioni per uscire dalla stazione. La stazione è situata

  sotto il Raffles City Shopping Centre e collegata a diverse strutture circostanti.

Nota: Verifica gli orari di funzionamento della metropolitana di Singapore e assicurati di essere a conoscenza degli eventuali aggiornamenti o cambiamenti prima del tuo viaggio.

Il viaggio in treno dall'Aeroporto di Changi alla stazione City Hall è veloce ed efficiente, e ti offre un accesso comodo al cuore del centro finanziario di Singapore.

ATTRAZIONI PRINCIPALI

GARDENS BY THE BAY: UN'OASI DI NATURA FUTURISTICA A SINGAPORE

Ubicazione:

Gardens by the Bay è situato nel cuore di Singapore, a sud del fiume Singapore, nei pressi del famoso quartiere finanziario di Marina Bay.

Caratteristiche Principali:

- **Supertree Grove:**

    Questa è una delle attrazioni più iconiche. Gli alberi artificiali chiamati "Supertree" sono alti fino a 50 metri e sono ricoperti da piante e fiori. Durante la notte, si illuminano in spettacoli di luci.

- **Flower Dome:**

    Una delle serre più grandi al mondo, la Flower Dome ospita una varietà di piante provenienti da regioni temperate. Potrai esplorare giardini lussureggianti e paesaggi da tutto il mondo.

- **Cloud Forest:**

    Un ambiente umido e nebbioso che simula la flora e la fauna delle regioni montane tropicali. Una cascata spettacolare all'interno cattura l'attenzione dei visitatori.

- **OCBC Skyway:**

    Una passerella sospesa a 22 metri sopra il suolo che collega alcune delle Supertree, offrendo viste spettacolari su Gardens by the Bay e sulla skyline di Singapore.

- **Gardens:**

    Oltre alle attrazioni principali, ci sono ampi giardini ben curati, perfetti per passeggiate rilassanti o picnic.

Eventi e Spettacoli:

Gardens by the Bay ospita eventi stagionali, spettacoli di luci e manifestazioni speciali durante le festività. Verifica gli eventi in corso durante il tuo soggiorno.

Orari di Apertura:

Solitamente aperto tutti i giorni. Gli orari possono variare leggermente per le diverse attrazioni, quindi verifica prima della visita.

Come Arrivare:

Puoi raggiungere Gardens by the Bay facilmente utilizzando i trasporti pubblici di Singapore. La stazione MRT più vicina è Bayfront (Linea Blu/North South Line o Linea Gialla/Circle

Line).

Consigli Pratici:

Visita durante la sera per goderti gli spettacoli di luci.
Acquista i biglietti online per evitare code.
Porta abiti comodi e una bottiglia d'acqua.

Gardens by the Bay è una fusione affascinante di tecnologia e natura, offrendo un'esperienza unica immersa nella bellezza e nella sostenibilità.

SENTOSA ISLAND: UN PARADISO TROPICALE DI DIVERTIMENTO A SINGAPORE

Ubicazione:

Sentosa Island è un'isola resort situata al largo della costa meridionale di Singapore, collegata al continente da una strada, una monorotaia e una funivia.

Come arrivare

Per arrivare a Sentosa, un'isola resort al largo della costa meridionale di Singapore, hai diverse opzioni di trasporto. Ecco alcune modalità comuni:

- **Sentosa Express:**

  La Sentosa Express è un treno leggero che collega VivoCity (situato sulla terraferma) a Sentosa. Puoi prendere la Sentosa Express da VivoCity Mall, situato vicino alla stazione MRT di HarbourFront. Il costo del biglietto di andata e ritorno è di solito intorno ai 5 SGD.

- **A Piedi:**

  Se desideri un'esperienza più scenica, puoi raggiungere Sentosa a piedi attraverso il Sentosa Boardwalk. Il boardwalk è pedonale e offre una vista panoramica durante il percorso. Il costo del biglietto d'ingresso al Sentosa Boardwalk è di solito intorno ai 1 SGD.

- **Auto o Taxi:**

  Puoi raggiungere Sentosa anche in auto o taxi attraverso il Ponte di Sentosa. Tuttavia, l'accesso in auto è a pagamento e può variare a seconda del giorno e dell'orario.

- **Funivia di Sentosa:**

  Se preferisci un'esperienza aerea, puoi prendere la funivia di Sentosa dal Mount Faber. La funivia offre una vista panoramica spettacolare sull'isola e sulla città. I prezzi variano a seconda del tipo di cabina e dell'orario.

- **Noleggio di Biciclette e Monopattini:**

  Sentosa dispone di piste ciclabili e aree pedonali, rendendo il noleggio di biciclette o monopattini elettrici un'opzione divertente per esplorare l'isola.

- **Auto Noleggio:**

  Se desideri un'opzione più indipendente, puoi noleggiare un'auto. Tuttavia, considera che l'isola è relativamente piccola, e i mezzi pubblici sono solitamente più pratici.

Consigli Pratici:

Verifica gli orari di funzionamento e i costi specifici per il mezzo di trasporto che scegli.

Se utilizzi la Sentosa Express, assicurati di controllare gli orari del servizio.

Il Sentosa Boardwalk è una piacevole passeggiata, ma potrebbe non essere la scelta migliore in caso di caldo intenso.

Scegli la modalità di trasporto che si adatta meglio alle tue esigenze e preferenze, e goditi l'esperienza unica di arrivare a Sentosa, un'oasi di divertimento tropicale a Singapore.

UNIVERSAL STUDIOS SINGAPORE: UN'AVVENTURA CINEMATOGRAFICA A SENTOSA

Ubicazione:

Universal Studios Singapore è situato all'interno di Resorts World Sentosa, sull'isola di Sentosa, al largo della costa meridionale di Singapore.

Attrazioni Principali:

- **Hollywood:**

    Entra nell'atmosfera di Hollywood con negozi, ristoranti e spettacoli a tema.

- **New York:**

    Esplora la ricreazione della skyline di New York, completa di taxi gialli e spettacoli di strada.

- **Sci-Fi City:**

    Sperimenta l'adrenalina con l'attrazione principale

"Battlestar Galactica" e l'iconico Transformers Ride.

- **Ancient Egypt:**

    Viaggia indietro nel tempo nella mitica terra dell'Antico Egitto, con l'epica attrazione "Revenge of the Mummy."

- **Lost World:**

    Incontra dinosauri viventi nella giungla preistorica o affronta i rapidi nell'area di "WaterWorld."

- **Far Far Away:**

    Immergiti nelle fiabe con Shrek e i suoi amici. Non perderti l'emozionante attrazione "Shrek 4-D Adventure."

- **Madagascar:**

    Divertiti con i personaggi di Madagascar in un'area colorata con spettacoli e attrazioni per tutta la famiglia.

Biglietti:

I prezzi dei biglietti variano in base all'età, alla tipologia di biglietto (adulti, bambini, anziani) e alla stagione. Il costo può variare da

79 a 89 SGD per un biglietto giornaliero per adulti. Acquista i biglietti online per evitare code.

Orari di Apertura:

Universal Studios Singapore è generalmente aperto tutti i giorni, ma gli orari possono variare. Solitamente, il parco apre alle 10:00 e chiude tra le 18:00 e le 22:00, a seconda del giorno e della stagione.

Consigli Pratici:

Pianifica la tua visita in base agli spettacoli e alle attrazioni che desideri vedere.

Utilizza l'app Universal Studios Singapore per gli orari degli spettacoli e delle code in tempo reale.

Se possibile, visita il parco durante i giorni feriali per evitare code più lunghe.

Universal Studios Singapore offre un'esperienza unica e coinvolgente, con attrazioni spettacolari e l'atmosfera magica dei film Universal.

Sia che tu sia un appassionato di cinema o in cerca di emozioni forti, il parco offre qualcosa per tutti i visitatori.

S.E.A. AQUARIUM: UN VIAGGIO IMMERSIVO NEI FONDALI MARINI A SENTOSA

Ubicazione:

S.E.A. Aquarium è situato all'interno di Resorts World Sentosa, sull'isola di Sentosa, Singapore.

Descrizione:

Esplora il S.E.A. Aquarium, uno degli acquari più grandi del mondo, che offre un'esperienza affascinante e educativa delle meraviglie marine. Ecco cosa aspettarti:

- **Ocean Gallery:**

    Cammina attraverso un tunnel sottomarino trasparente circondato da squali, razze e altre creature marine, offrendo un'esperienza quasi surreale.

- **Open Ocean Tank:**

    Ammira un enorme serbatoio d'acqua aperto, che ricrea un

habitat oceanico con una vasta varietà di specie, inclusi pesci di barriera corallina e giganteschi mante.

- **Maritime Experiential Museum:**

    Scopri la storia del commercio marittimo in Asia attraverso mostre interattive e reperti storici.

- **Habitat a Tema:**

    Esplora diverse aree a tema, come la Foresta Pluviale, la Zona Tropicale e il Mar Cinese Meridionale, ognuna dedicata a una diversità unica di flora e fauna marina.

Biglietti:

Il prezzo dei biglietti varia in base all'età e alla tipologia di biglietto (adulti, bambini, anziani). I prezzi iniziano generalmente da circa 34 SGD per gli adulti. È consigliabile acquistare i biglietti online per garantire l'accesso e risparmiare tempo.

Orari di Apertura:

Gli orari di apertura possono variare a seconda della stagione e del giorno della settimana. Solitamente, S.E.A. Aquarium apre alle 10:00 e chiude tra le 18:00 e le 19:00.

Consigli Pratici:

Pianifica la tua visita in modo da partecipare agli spettacoli interattivi e alle sessioni di alimentazione.

Utilizza l'app del parco per ricevere aggiornamenti sugli orari degli spettacoli e altre informazioni utili.

Scatta foto memorabili delle incredibili creature marine durante il tuo viaggio.

Il S.E.A. Aquarium offre un'esperienza coinvolgente per i visitatori di tutte le età, offrendo uno sguardo avvincente al ricco mondo sottomarino.

ADVENTURE COVE WATERPARK: DIVERTIMENTO ACQUATICO AVVENTUROSO A SENTOSA

Ubicazione:

Adventure Cove Waterpark si trova all'interno di Resorts World Sentosa, sull'isola di Sentosa, Singapore.

Attrazioni Principali:

- **Riptide Rocket:**

    Un'avvincente discesa in un tubo trasparente, simile a un'attrazione di montagna russa, che offre un'esperienza di adrenalina.

- **Bluwater Bay:**

    Una vasta piscina a onde dove puoi rilassarti e lasciarti trasportare dalle onde.

- **Rainbow Reef:**

    Snorkeling in una laguna tropicale con una varietà di pesci colorati e coralli.

- **Pipeline Plunge:**

    Una discesa vertiginosa in un tubo attraverso curve e giri avvincenti.

- **Adventure River:**

    Una tranquilla crociera lungo un fiume artificiale che attraversa scenari tropicali e grotte nascoste.

- **Ray Bay:**

    Un'area interattiva dove puoi interagire con razze gentili e ammirare la loro eleganza.

Biglietti:

I prezzi dei biglietti variano in base all'età e alla tipologia di biglietto (adulti, bambini, anziani). Il costo inizia generalmente da circa 38 SGD per gli adulti. L'acquisto online dei biglietti è consigliato per evitare code.

Orari di Apertura:

Gli orari di apertura possono variare a seconda della stagione e del giorno della settimana. Adventure Cove Waterpark solitamente apre alle 10:00 e chiude tra le 18:00 e le 19:00.

Consigli Pratici:

Indossa costumi da bagno e portati dietro un asciugamano.
Utilizza scarpe da acqua per muoverti comodamente nelle aree bagnate.
Partecipa alle attività interattive come lo snorkeling per un'esperienza più coinvolgente.

Adventure Cove Waterpark offre una giornata di divertimento bagnato con emozionanti scivoli, piscine a onde e interazioni con la vita marina. Pianifica la tua visita per sperimentare l'adrenalina e il relax in uno dei parchi acquatici più apprezzati di Singapore.

SINGAPORE

SENTOSA MERLION: UN'ICONICA ATTRAZIONE CON VISTA PANORAMICA A SENTOSA

Ubicazione:

Sentosa Merlion è situato sull'isola di Sentosa, all'interno di Resorts World Sentosa, Singapore.

Descrizione:

Il Sentosa Merlion è una replica dell'iconico simbolo di Singapore, il Merlion, che rappresenta la fusione di leone e pesce. Ecco cosa aspettarti:

- **Vista Panoramica:**

    Puoi salire all'interno della struttura fino alla testa del Merlion per godere di una spettacolare vista panoramica su Sentosa e oltre.

- **Gallerie Espositive:**

    Le gallerie all'interno del Merlion offrono una panoramica

sulla storia del Merlion e la sua importanza come simbolo nazionale.

- **Spettacolo di Luci Notturno:**

    Durante la sera, il Merlion si illumina in uno spettacolo di luci, creando un'atmosfera magica sull'isola.

Biglietti:

Il costo del biglietto per accedere alla testa del Merlion è di solito intorno a 12 SGD per gli adulti. I bambini beneficiano di tariffe ridotte. Acquista i biglietti online per risparmiare tempo.

Orari di Apertura:

Sentosa Merlion è generalmente aperto tutti i giorni dalle 10:00 alle 20:00, ma gli orari possono variare. Controlla gli orari specifici prima della tua visita.

Consigli Pratici:

Salire alla testa del Merlion offre una vista panoramica spettacolare, quindi assicurati di portare la tua fotocamera.
Visita il Merlion durante il tramonto per goderti lo spettacolo di luci notturno.

Il Sentosa Merlion non solo offre una visione unica di Sentosa, ma è anche un'iconica rappresentazione del patrimonio di Singapore. Pianifica la tua visita per un'esperienza memorabile e una vista mozzafiato sulla regione circostante.

Skyline Luge Sentosa: Un'Avventura su Slitta con Vista Panoramica a Sentosa

Ubicazione:

Skyline Luge Sentosa è situato sull'isola di Sentosa, all'interno di Resorts World Sentosa, Singapore.

Descrizione:

Il Skyline Luge offre un'esperienza unica di guida su slitta su pista, con curve emozionanti e vista panoramica sull'isola di Sentosa. Ecco cosa aspettarti:

- **Discesa Emozionante:**

  Scendi lungo una pista su una slitta su rotaia, regolando la velocità in base alle tue preferenze. È un'esperienza divertente e sicura per tutta la famiglia.

- **Skyride:**

  Salta sulla Skyride, una seggiovia panoramica che ti porterà in cima alla collina per iniziare la tua avventura di discesa.

- **Viste Panoramiche:**

  Goditi viste panoramiche sull'isola, sulla città di Singapore e sul mare mentre scivoli giù lungo la pista.

Biglietti:

Il costo del biglietto dipende dal numero di discese selezionate. Ad esempio, una discesa può costare circa 14.50 SGD. Offerte speciali e pacchetti multipli sono disponibili. Acquista i biglietti online per risparmiare tempo.

Orari di Apertura:

Gli orari di apertura di Skyline Luge possono variare a seconda della stagione e del giorno della settimana. Solitamente, è aperto dalle 10:00 alle 21:30.

Consigli Pratici:

Indossa abiti comodi e scarpe chiuse.
Segui le istruzioni del personale per una guida sicura.

Fai una discesa durante il tramonto per un'esperienza ancora più suggestiva.

Il Skyline Luge Sentosa offre un'esperienza avvincente e divertente per visitatori di tutte le età. Sperimenta l'adrenalina della guida su slitta con uno sfondo spettacolare sull'isola di Sentosa.

LE SPIAGGE DI SENTOSA: RELAX E DIVERTIMENTO AL SOLE A SINGAPORE

Spiagge Principali:

- **Siloso Beach:**

    Una spiaggia animata con una vivace atmosfera da festa. Offre una varietà di attività acquatiche, ristoranti sulla spiaggia e beach bar. È un luogo ideale per chi cerca divertimento e intrattenimento.

- **Palawan Beach:**

    Conosciuta per la sua bellezza naturale, Palawan Beach è un luogo più tranquillo e rilassato. La spiaggia è collegata a un'isola artificiale attraverso un ponte pedonale e offre un'atmosfera più intima.

- **Tanjong Beach:**

    Tanjong Beach è rinomata per la sua eleganza e tranquillità. Qui puoi godere di un ambiente più esclusivo e di una vista panoramica sulla città di Singapore.

Attività e Servizi:

Sport Acquatici: Prova attività come il kayak, il paddleboarding o il parasailing disponibili lungo le spiagge.

Beach Clubs: Alcune spiagge ospitano beach club che offrono cene, cocktail e intrattenimento serale.

Eventi e Feste: Le spiagge di Sentosa spesso ospitano eventi speciali, feste sulla spiaggia e concerti durante tutto l'anno.

Consigli Pratici:

Porta con te creme solari, asciugamani e cappelli per proteggerti dal sole.
Scopri le attività e gli eventi in corso durante il tuo soggiorno.
Rilassati sulla sabbia o partecipa alle attività acquatiche per una giornata completa di divertimento.

Le spiagge di Sentosa offrono un rifugio tropicale a pochi passi dal cuore di Singapore. Sia che tu desideri rilassarti al sole, partecipare a divertenti attività acquatiche o vivere la movida notturna sulla spiaggia, Sentosa ha qualcosa da offrire per tutti i gusti.

Sentosa 4D Adventureland: Un'Esperienza Cinematografica Multisensoriale a Sentosa

Ubicazione:

Sentosa 4D Adventureland è situato all'interno di Resorts World Sentosa, sull'isola di Sentosa, Singapore.

Attrazioni Principali:

- **Desperados - Giochi Interattivi 4D:**

    Una combinazione di animazione 3D e giochi interattivi in un teatro 4D. Gli spettatori possono partecipare utilizzando pistole a infrarossi.

- **Extreme Log Ride - Simulatore di Guida 4D:**

    Un'avventura in cui i visitatori simulano una folle corsa in una tronco d'albero attraverso pericolosi paesaggi.

- **Journey 2: The Mysterious Island - Film 4D:**

    Un'esperienza cinematografica multisensoriale che porta gli spettatori a vivere le avventure del film "Journey 2: The Mysterious Island."

- **Haunted Mine Ride - Attrazione Spettrale 4D:**

    Un'attrazione spettrale che combina effetti speciali, animazioni 3D e un'ambientazione coinvolgente.

Biglietti:

I biglietti per Sentosa 4D Adventureland possono variare a seconda delle attrazioni selezionate. Acquista i biglietti online per risparmiare tempo e avere accesso a offerte speciali.

Orari di Apertura:

Gli orari di apertura possono variare, quindi è consigliabile verificare gli orari specifici prima della visita. Solitamente, il parco è aperto dalle 10:00 alle 21:00.

Consigli Pratici:

Seleziona le attrazioni che ti interessano di più per ottimizzare la tua visita.

Indossa abiti comodi poiché alcune attrazioni coinvolgono movimenti.

Sentosa 4D Adventureland offre un'esperienza coinvolgente e divertente per chi ama l'azione cinematografica con una varietà di attrazioni multisensoriali. Pianifica la tua visita per immergerti in avventure emozionanti e uniche.

Consigli Pratici:

Pianifica la tua visita in base alle attrazioni che desideri vedere.

Acquista biglietti online per risparmiare tempo.

Porta costumi da bagno se desideri goderti le spiagge o i parchi acquatici.

Sentosa Island è un rifugio divertente e rilassante con una vasta gamma di attività per ogni tipo di visitatore, che tu sia interessato a emozioni forti, a rilassarti sulla spiaggia o a esplorare mondi sottomarini affascinanti.

MARINA BAY SANDS: UN'ICONICA OASI DI INTRATTENIMENTO A SINGAPORE UBICAZIONE:

Marina Bay Sands si trova nella zona di Marina Bay, nel cuore di Singapore. L'indirizzo esatto è 10 Bayfront Avenue, Singapore 018956.

è un complesso integrato che comprende un lussuoso hotel, un casinò, un centro commerciale di alta classe, ristoranti di fama mondiale, una piscina a sfioro a livello del cielo e il famoso SkyPark con vista panoramica.

Come arrivare

Per arrivare a Marina Bay Sands, puoi utilizzare diversi mezzi di trasporto a seconda della tua posizione a Singapore. Ecco alcune opzioni comuni:

- **Metropolitana (MRT):**

  La stazione MRT più vicina a Marina Bay Sands è la stazione Bayfront, che si trova lungo la linea Downtown (DT16) e la linea Circle (CC4). Dalla stazione, segui le indicazioni per raggiungere Marina Bay Sands.

- **Sentosa Express:**

  Se ti trovi sull'isola di Sentosa, puoi prendere la Sentosa Express fino alla stazione Waterfront. Da lì, puoi seguire le indicazioni per raggiungere Marina Bay Sands.

- **Autobus:**

  Diverse linee di autobus servono l'area di Marina Bay. Puoi verificare le opzioni di autobus disponibili e pianificare il tuo percorso utilizzando il sistema di trasporto pubblico di Singapore.

- **Taxi o Servizi di Condivisione del Viaggio:**

  I taxi sono ampiamente disponibili a Singapore e sono una comoda opzione per raggiungere Marina Bay Sands. Puoi anche utilizzare servizi di condivisione del viaggio come Grab.

- **A Piedi o con Bicicletta:**

  Se ti trovi nelle vicinanze, potresti considerare la possibilità di camminare o utilizzare un servizio di bike sharing per raggiungere Marina Bay Sands.

Consigli Pratici:

Segui le indicazioni all'interno delle stazioni MRT o degli altri mezzi di trasporto per raggiungere Marina Bay Sands.
Utilizza app di navigazione o mappe online per pianificare il tuo percorso in anticipo.
Verifica gli orari di servizio dei mezzi di trasporto pubblico per evitare lunghe attese.

Marina Bay Sands è un'importante attrazione e il suo accesso è ben servito dai mezzi di trasporto pubblici di Singapore. Scegli l'opzione che meglio si adatta alle tue esigenze e alla tua posizione nella città.

SkyPark di Marina Bay Sands: Vista Panoramica su Singapore dall'Alto

Il SkyPark di Marina Bay Sands è uno degli elementi più distintivi e iconici del complesso, offrendo una vista mozzafiato sulla città e oltre.

Ecco cosa aspettarti:

Piscina a Sfioro:

> La piscina a sfioro di Marina Bay Sands è situata sulla sommità delle tre torri dell'hotel. È la più grande piscina a sfioro al mondo situata ad una così grande altitudine. Gli ospiti dell'hotel possono godersi un tuffo con una vista spettacolare sulla città.

Giardini e Ristoranti:

> Il SkyPark è circondato da giardini lussureggianti e offre una varietà di ristoranti e bar con viste panoramiche. È un luogo ideale per rilassarsi e ammirare il paesaggio urbano.

Accesso al Pubblico:

> Se non sei ospite dell'hotel, puoi acquistare un biglietto per accedere al SkyPark e goderti la vista panoramica. È consigliabile verificare l'accessibilità e gli orari prima della visita.

Orari di Apertura:

> Gli orari del SkyPark possono variare, e l'accesso potrebbe essere

limitato durante eventi speciali. È consigliabile verificare gli orari specifici prima della visita.

Consigli Pratici:

Il tramonto è un momento suggestivo per visitare il SkyPark, poiché la città si illumina di luci.
Indossa abbigliamento appropriato e scarpe chiuse per accedere alla piscina.
Prenota in anticipo se desideri cenare in uno dei ristoranti con vista.

Il SkyPark di Marina Bay Sands offre una prospettiva unica su Singapore e è diventato un'icona della skyline della città. Che tu stia cercando relax, una vista spettacolare o un'esperienza culinaria, il SkyPark è un luogo imperdibile durante la tua visita a Marina Bay Sands.

Casinò Marina Bay Sands: Il Lusso del Gioco nel Cuore di Singapore Ubicazione:

Il Casinò Marina Bay Sands è parte integrante del complesso Marina Bay Sands, situato all'indirizzo 10 Bayfront Avenue, Singapore 018956. Questa struttura iconica si erge nel cuore di Marina Bay, offrendo un'esperienza di gioco di classe nel contesto lussuoso dell'hotel.

Giochi Disponibili:

I visitatori possono immergersi in una vasta selezione di giochi d'azzardo, tra cui tavoli da poker, blackjack, roulette, slot machine e molte altre opzioni. Il Casinò Marina Bay Sands è rinomato per la sua varietà e qualità di giochi.

Accesso e Vestizione:

L'accesso al casinò è riservato a individui di almeno 21 anni. I visitatori devono presentare un documento d'identità valido e vestire in modo appropriato. Gli uomini sono tenuti a indossare una tenuta formale, mentre le donne dovrebbero optare per una tenuta elegante.

Orari di Apertura:

Il casinò è aperto 24 ore al giorno, sette giorni su sette, garantendo un'esperienza di gioco senza interruzioni. Tuttavia, gli orari per le aree VIP possono variare.

Carte di Membro e Programma Fedeltà:

Per i giocatori frequenti, il casinò offre carte di membro e programmi fedeltà che garantiscono vantaggi speciali e offerte esclusive.

Eventi e Intrattenimento:

Il Casinò Marina Bay Sands ospita regolarmente eventi speciali, tornei di poker e spettacoli di intrattenimento per arricchire l'esperienza dei visitatori. Verifica gli eventi in programma durante il tuo soggiorno.

Consigli Pratici:

Prenota anticipatamente per tavoli VIP o partecipa a tornei speciali, se desideri un'esperienza più esclusiva.
Rispetta rigorosamente il codice di abbigliamento e le regole del casinò per goderti appieno l'atmosfera lussuosa.

Il Casinò Marina Bay Sands non è solo una destinazione di gioco, ma un'icona di lusso e intrattenimento nella vivace città di Singapore.

The Shoppes at Marina Bay Sands: Eleganza e Shopping di Lusso a Singapore Ubicazione:

The Shoppes at Marina Bay Sands è situato all'interno del

complesso Marina Bay Sands, all'indirizzo 10 Bayfront Avenue, Singapore 018956. Questo centro commerciale di lusso è parte integrante dell'iconica struttura di Marina Bay Sands.

Descrizione:

The Shoppes at Marina Bay Sands è un paradiso dello shopping di alto livello che offre un'ampia gamma di negozi, boutique di lusso e ristoranti raffinati. Il centro commerciale si estende lungo il canale interno, creando un'atmosfera unica.

Negozio di Lusso e Design:

Troverai una selezione esclusiva di negozi di lusso che offrono moda, gioielli, orologi, accessori e articoli per la casa delle principali marche internazionali.

Canale Interno con Gondole:

The Shoppes è noto anche per il suo canale interno, dove puoi fare una passeggiata romantica lungo le rive o addirittura prendere una gondola guidata da gondolieri esperti.

Ristoranti con Vista sul Canale:

Molti ristoranti e caffè offrono tavoli con vista sul canale, creando un'atmosfera incantevole per godersi pasti deliziosi.

Eventi e Attività:

Il centro commerciale ospita eventi speciali, mostre d'arte e spettacoli per arricchire l'esperienza di shopping.

Orari di Apertura:

Gli orari di apertura variano, ma in genere il centro commerciale è aperto tutti i giorni della settimana. Verifica gli orari specifici durante il tuo soggiorno.

Consigli Pratici:

Esplora il canale interno e prendi una gondola per un'esperienza unica.

Approfitta delle opzioni di ristorazione per una pausa gourmet durante lo shopping.

Partecipa agli eventi speciali per un tocco culturale e divertente.

The Shoppes at Marina Bay Sands offre un'esperienza di shopping di lusso in un ambiente elegante e raffinato, diventando una delle destinazioni preferite per gli amanti dello shopping a Singapore.

ArtScience Museum a Marina Bay Sands: Un'incredibile Fusione di Arte e Scienza a Singapore

Ubicazione:

L'ArtScience Museum è situato all'interno del complesso di Marina Bay Sands, all'indirizzo 10 Bayfront Avenue, Singapore 018956.

La sua architettura unica lo rende una delle icone visive di Marina Bay.

Descrizione:

Progettato per assomigliare a un fiore di loto in espansione, l'ArtScience Museum è una struttura sorprendente che fonde creatività artistica e scoperta scientifica.

Mostre Interattive e Multimediali:

L'ArtScience Museum presenta una varietà di mostre interattive e multimediali che esplorano temi legati all'arte, alla scienza, alla tecnologia e alla sostenibilità. Le mostre sono progettate per coinvolgere e ispirare i visitatori.

Mostre Iconiche:

Tra le mostre iconiche c'è "Future World", un'installazione di arte digitale interattiva, e mostre tematiche che coprono argomenti che spaziano dall'arte contemporanea alle innovazioni scientifiche.

Eventi Culturali e Educativi:

L'ArtScience Museum ospita eventi culturali, conferenze e programmi educativi che mirano a stimolare la mente e a promuovere la comprensione dell'intersezione tra arte e scienza.

Orari di Apertura:

Gli orari di apertura variano in base alle mostre in corso. Verifica gli orari specifici durante il tuo soggiorno.

Biglietti e Prenotazioni:

Puoi acquistare i biglietti direttamente presso la biglietteria dell'ArtScience Museum o prenotarli online in anticipo.

Consigli Pratici:

Verifica le mostre in corso prima della tua visita per scegliere quelle di maggiore interesse.
Partecipa agli eventi speciali o alle visite guidate per un'esperienza più approfondita.

L'ArtScience Museum è un luogo unico che celebra la connessione tra arte e scienza, offrendo una prospettiva affascinante e stimolante su questioni contemporanee e futuriste.

Ristoranti di Fama Mondiale a Marina Bay Sands: Un Viaggio Gastronomico di Prestigio a Singapore

Marina Bay Sands è rinomato per ospitare alcuni dei migliori ristoranti al mondo, gestiti da chef stellati e celebrità culinarie. Ecco alcuni dei ristoranti di fama mondiale all'interno del complesso:

- **Cut by Wolfgang Puck:**

    Uno dei ristoranti più acclamati del celebre chef Wolfgang Puck, Cut offre una cucina di altissima qualità con tagli pregiati di carne.

- **Bread Street Kitchen by Gordon Ramsay:**

    Creato dallo chef celebrità Gordon Ramsay, Bread Street Kitchen propone piatti britannici moderni e un'atmosfera vivace.

- **Adrift by David Myers:**

    Gestito dallo chef David Myers, Adrift offre un'esperienza culinaria unica che fonde sapori asiatici e californiani.

- **DB Bistro & Oyster Bar by Daniel Boulud:**

    Guidato dal rinomato chef Daniel Boulud, questo ristorante propone una cucina francese contemporanea e un'ampia selezione di ostriche.

- **Waku Ghin by Tetsuya Wakuda:**

    Waku Ghin, del celebre chef Tetsuya Wakuda, offre una raffinata cucina giapponese con un'attenzione particolare ai dettagli e ai sapori.

- **CUT Lounge by Wolfgang Puck:**

    Una versione più informale del ristorante Cut, il CUT Lounge è ideale per cocktail, spuntini e piatti con la firma di Wolfgang Puck.

- **LAVO Italian Restaurant & Rooftop Bar:**

LAVO offre un'esperienza culinaria italiana con un tocco moderno e un vibrante rooftop bar con vista sulla città.

Consigli Pratici:

Prenota in anticipo, specialmente per i ristoranti molto frequentati.
Esplora diverse cucine per sperimentare una varietà di sapori.
Goditi l'atmosfera e la vista offerte dai ristoranti con posizione panoramica.

Esplorare i ristoranti di fama mondiale a Marina Bay Sands è un'esperienza culinaria straordinaria, offrendo un mix di cucine internazionali di alta qualità in uno degli ambienti più lussuosi di Singapore.

Consigli Pratici:

Per una vista spettacolare, visita il SkyPark al tramonto.
Prenota in anticipo se desideri cenare in uno dei ristoranti di lusso.
Esplora il centro commerciale per un'esperienza di shopping di alta classe.

Marina Bay Sands è una destinazione imperdibile per i visitatori di Singapore, offrendo una combinazione unica di lusso, intrattenimento e vista panoramica.

CHINATOWN A SINGAPORE: UN'ESPERIENZA CULTURALE E GASTRONOMICA UNICA

Chinatown è una delle zone etniche più vibranti di Singapore, ricca di cultura, tradizione e gastronomia. Qui, tra gli antichi templi e i mercati vivaci, i visitatori possono immergersi nell'atmosfera affascinante di una comunità cinese ricca di storia.

Come Arrivare a Chinatown da Marina Bay Sands: Opzioni di Trasporto
- **Metro (MRT):**

    La forma più rapida e conveniente di trasporto pubblico è la metropolitana (MRT). Da Marina Bay Sands, puoi prendere la linea Downtown (DTL) alla stazione Bayfront (DT16/CE1) e scendere alla stazione Chinatown (NE4/DT19). Il viaggio dovrebbe durare circa 15-20 minuti.

- **Autobus:**

Puoi prendere un autobus diretto da Marina Bay Sands a Chinatown. Verifica le linee di autobus disponibili e i loro percorsi per trovare la soluzione più adatta alla tua posizione esatta.

- **Taxi o Servizio di Condivisione del Viaggio:**

    Un taxi o un servizio di condivisione del viaggio come Grab è un'opzione comoda se preferisci un trasporto diretto. Il viaggio dovrebbe durare circa 10-15 minuti, a seconda del traffico.

- **A Piedi:**

    Se ti piace camminare e vuoi esplorare l'area circostante, Chinatown è raggiungibile a piedi da Marina Bay Sands. Il percorso attraverso la zona di Telok Ayer è interessante e dovrebbe richiedere circa 20-30 minuti.

- **Touristic Hop-on Hop-off Bus:**

    Alcuni touristic bus hop-on hop-off includono Chinatown come fermata. Questa opzione ti permette di esplorare diversi quartieri di Singapore comodamente.

- **Bicicletta o Scooter Elettrico:**

    Singapore promuove sempre più i mezzi di trasporto ecologici. Puoi noleggiare una bicicletta o uno scooter elettrico e guidare fino a Chinatown.

Ricorda di verificare gli orari e le tariffe in base al mezzo di trasporto scelto. La metropolitana è spesso la scelta più rapida e affidabile per spostarsi tra i quartieri di Singapore.

Tempio Sri Mariamman a Chinatown: Un Monumento Storico e Spirituale

Ubicazione:

Il Sri Mariamman Temple si trova a 244 South Bridge Road, Singapore 058793, nel cuore del quartiere di Chinatown.

Descrizione:

Il Sri Mariamman Temple è il tempio indù più antico di Singapore, costruito nel 1827. È un capolavoro architettonico e un importante luogo di culto per la comunità indù di Singapore.

Caratteristiche Principali:

- **Architettura Distintiva:**

    Il tempio è noto per la sua impressionante architettura dravidiana, con torri colorate e sculture dettagliate che narrano storie della mitologia indù.

- **Torri (Gopuram):**

    Le torri del tempio, chiamate gopuram, sono adornate da statue di divinità indù e sono un'icona visiva distintiva del paesaggio di Chinatown.

- **Sala delle Preghiere e Altari:**

    All'interno del tempio, troverai una sala principale di preghiera e vari altari dedicati a diverse divinità indù, tra cui la dea Mariamman, la principale divinità venerata nel tempio.

- **Festival e Celebrazioni:**

    Il tempio è il centro di importanti festività indù come Thimithi, durante la quale i devoti camminano su un letto di braci ardenti come segno di devozione.

- **Attività Spirituali:**

    Oltre alle celebrazioni pubbliche, il tempio ospita anche rituali e cerimonie spirituali quotidiane aperte ai devoti.

Orari di Apertura:

Il tempio è aperto tutti i giorni. Tuttavia, è consigliabile rispettare il silenzio durante le cerimonie e le preghiere.

Consigli Pratici:

Prima di entrare, assicurati di rispettare il codice di abbigliamento appropriato per un luogo di culto.
Fotografie potrebbero essere limitate in alcune aree del tempio, quindi chiedi il permesso prima di scattare foto.

Il Sri Mariamman Temple è una tappa imperdibile per coloro che desiderano esplorare la ricca diversità culturale di Singapore e apprezzare la bellezza dei suoi siti spirituali.

Chinatown Heritage Centre: Un Viaggio nel Passato di Chinatown a Singapore

Ubicazione:

Il Chinatown Heritage Centre si trova al 48 Pagoda Street, Singapore 059207, nel cuore di Chinatown.

Descrizione:

Il Chinatown Heritage Centre è un museo che offre un'affascinante prospettiva sulla storia di Chinatown, esplorando la vita quotidiana degli immigrati cinesi che giunsero a Singapore nei primi giorni.

Caratteristiche Principali:

- **Esposizioni Interattive:**

    Il museo presenta esposizioni interattive che raccontano la storia di Chinatown attraverso oggetti d'epoca, fotografie storiche e ricostruzioni dettagliate di ambienti di vita.

- **Case Ricostruite:**

    All'interno del museo, sono state ricreate fedelmente le abitazioni tradizionali degli immigrati cinesi, offrendo ai visitatori un'immersione autentica nel passato.

- **Storia delle Comunità Immigrate:**

    Il Chinatown Heritage Centre narra la storia delle comunità immigrate e delle loro sfide durante i primi giorni di sviluppo di Singapore come centro commerciale.

- **Documenti Storici e Artefatti:**

Gli artefatti e i documenti storici esposti forniscono una panoramica dettagliata della vita quotidiana, delle attività commerciali e delle tradizioni culturali di Chinatown.

- **Audio Guide:**

    Gli ospiti possono usufruire di audioguide che forniscono commenti dettagliati sulle esposizioni, arricchendo ulteriormente l'esperienza.

Orari di Apertura:

Il Chinatown Heritage Centre è aperto tutti i giorni. Verifica gli orari di apertura e gli eventuali giorni di chiusura durante il tuo soggiorno.

Prezzo:

L'ingresso al Chinatown Heritage Centre è soggetto a una tariffa. I prezzi possono variare in base all'età e alla cittadinanza. È consigliabile verificare i costi aggiornati prima della visita.

Consigli Pratici:

Prenota i biglietti in anticipo per evitare lunghe code.
Dedica del tempo sufficiente per esplorare le esposizioni in modo approfondito.
Ascolta le storie emozionanti degli immigrati cinesi attraverso le guide audio disponibili.

Il Chinatown Heritage Centre offre un'esperienza educativa e coinvolgente, consentendo ai visitatori di viaggiare indietro nel tempo e comprendere meglio la storia e la cultura della comunità cinese a Singapore.

Pagoda Street e Temple Street: Esplorazione Pittoresca a Chinatown Ubicazione:

Pagoda Street e Temple Street si trovano nel cuore di Chinatown, a Singapore.

Descrizione:

- **Pagoda Street:**

    Pagoda Street è una strada pedonale vivace e colorata, nota per i suoi negozi tradizionali, bancarelle di souvenir e edifici dalla vivace architettura cinese. La strada deve il suo nome alla vicinanza al Buddha Tooth Relic Temple, e offre un'esperienza autentica di shopping e cultura.

- **Temple Street:**

    Temple Street è un'altra strada importante di Chinatown, caratterizzata da un'atmosfera animata e dal Temple Street Night Market. Durante la sera, la strada si trasforma in un mercato notturno, offrendo una vasta gamma di prodotti, cibo di strada e intrattenimento.

Cosa Troverai:

- **Negozi Tradizionali:**

    Lungo Pagoda Street, troverai una varietà di negozi che vendono oggetti tradizionali cinesi, artigianato locale, abbigliamento e souvenir unici.

- **Ristoranti e Caffè:**

    Sia Pagoda Street che Temple Street sono punteggiate da ristoranti tradizionali, caffè e bancarelle di cibo di strada che offrono specialità locali e cinesi.

- **Temple Street Night Market:**

    La sera, Temple Street si anima con il Temple Street Night Market, dove puoi acquistare una vasta gamma di prodotti, dall'abbigliamento agli accessori, ai gadget e molto altro.

- **Architettura Storica:**

Entrambe le strade presentano edifici dalla tradizionale architettura cinese, con colori vibranti e dettagli ornamentali che aggiungono fascino alla zona.

Consigli Pratici:

Esplora di Giorno e di Notte:

Visita Pagoda Street durante il giorno per fare acquisti e ammirare l'architettura. Dedica la serata a Temple Street per vivere l'atmosfera vivace del mercato notturno.

Assapora il Cibo di Strada:

Approfitta delle bancarelle di cibo di strada lungo Temple Street per gustare prelibatezze locali e specialità cinesi.

Negozia al Night Market:

Se visiti Temple Street di sera, goditi il piacere del negoziare i prezzi al Temple Street Night Market.

Esplorare Pagoda Street e Temple Street è un viaggio affascinante attraverso la cultura, lo shopping e la gastronomia di Chinatown a Singapore.

Smith Street - Food Street: Un Festino Gastronomico a Chinatown

Ubicazione:

Smith Street, conosciuta anche come Food Street, è una strada situata nel quartiere di Chinatown, Singapore.

Descrizione:

- **Variegata Offerta Gastronomica:**

    Smith Street è famosa per essere una vera e propria "Food Street," offrendo una vasta gamma di prelibatezze culinarie cinesi e locali. Troverai bancarelle di cibo di strada e ristoranti che delizieranno il tuo palato.

- **Cucina di Strada:**

    Le bancarelle di cibo di strada presenti lungo Smith Street offrono una varietà di specialità, tra cui Hainanese Chicken Rice, Char Kway Teow, Satay, Laksa e molte altre prelibatezze locali.

- **Ristoranti Tradizionali:**

    Oltre alle bancarelle, la via è fiancheggiata da ristoranti tradizionali che servono autentiche pietanze cinesi, dando ai visitatori l'opportunità di sperimentare la cucina locale in un'atmosfera più formale.

- **Atmosfera Animata:**

    Smith Street è particolarmente vivace di sera, quando le luci brillano e l'aria si riempie dei deliziosi profumi dei piatti cucinati freschi.

Consigli Gastronomici:

- **Hainanese Chicken Rice:**

    Assapora il celebre Hainanese Chicken Rice, un piatto iconico della cucina di Singapore, noto per il suo pollo

succulento e riso aromatico.
- **Char Kway Teow:**

    Prova il delizioso Char Kway Teow, un piatto di tagliatelle di riso stirate con gamberi, salsiccia cinese e fagioli germogliati.
- **Satay:**

  Gusta lo spiedino di carne alla griglia, noto come Satay, con la sua deliziosa salsa di arachidi.

  4. **Laksa:**

     Sperimenta la Laksa, una zuppa di noodles piccante e cremosa con un mix di sapori deliziosi.

Consigli Pratici:

Esplora a Piedi:

   Passeggia lungo Smith Street per esplorare le diverse offerte gastronomiche. L'atmosfera vivace e i profumi invitanti renderanno l'esperienza ancora più piacevole.

Varietà di Sapori:

   Condividi diverse portate con gli amici per assaporare una varietà di sapori senza dover scegliere solo un piatto.

Serata Vivace:

   Se possibile, visita Smith Street di sera per immergerti completamente nell'atmosfera animata e luminosa della strada.

Smith Street - Food Street è il luogo ideale per gli amanti del cibo che desiderano esplorare la ricca varietà di sapori offerti dalla cucina di Chinatown a Singapore.

Maxwell Food Centre: Un Paradiso Gastronomico di Cibo di

SINGAPORE

Strada a Singapore

Ubicazione:

Maxwell Food Centre si trova al 1 Kadayanallur Street, Singapore 069184, vicino a Chinatown.

Descrizione:

- **Ampia Varietà di Cibo di Strada:**

    Maxwell Food Centre è rinomato per la sua vasta selezione di cibo di strada proveniente da diverse cucine asiatiche. È un luogo ideale per esplorare la ricchezza culinaria di Singapore in un unico posto.

- **Specialità Locali:**

    Troverai specialità locali come Hainanese Chicken Rice, Laksa, Char Kway Teow, Satay, Popiah e molti altri piatti iconici della cucina di Singapore.

- **Storie di Fornitori Tradizionali:**

Molti fornitori di cibo del Maxwell Food Centre hanno una lunga storia e sono famosi per la loro abilità nella preparazione di piatti tradizionali.

- **Ambiente Informale:**

  L'atmosfera informale del food centre offre un'esperienza autentica di cibo di strada, dove i visitatori possono sedersi e gustare una varietà di delizie.

Consigli Gastronomici:

- **Tian Tian Hainanese Chicken Rice:**

  Prova l'iconico Hainanese Chicken Rice da Tian Tian, uno dei fornitori più famosi del Maxwell Food Centre.

- **Lau Pa Sat Satay:**

  Gusta gli spiedini di carne alla griglia (Satay) da Lau Pa Sat Satay, rinomato per la sua squisita marinatura e salsa di arachidi.

- **Tian Yi Famous Fish Porridge:**

  Assapora la zuppa di riso al pesce da Tian Yi Famous Fish Porridge, perfetta per chi ama piatti leggeri e saporiti.

- **Ah Tai Hainanese Chicken Rice:**

  Se il Tian Tian è affollato, prova l'Hainanese Chicken Rice da Ah Tai, un altro fornitore amato dai locali.

Consigli Pratici:

- **Esplora Diverse Bancarelle:**

  Fai un giro completo del food centre per esplorare le diverse bancarelle e scoprire una varietà di piatti deliziosi.

- **Orari di Punta:**

  Maxwell Food Centre può essere affollato durante le ore di punta. Considera di visitarlo prima o dopo l'orario di pranzo per evitare lunghe code.

Dividi e Conquista:
Condividi porzioni con gli amici per avere la possibilità di assaporare più piatti senza appesantirsi troppo.

Maxwell Food Centre è un luogo imperdibile per gli amanti del cibo di strada che desiderano sperimentare autentiche delizie culinarie di Singapore in un ambiente informale e accogliente.

Buddha Tooth Relic Temple: Un Capolavoro Architettonico e Spirituale a Chinatown

Ubicazione:

Il Buddha Tooth Relic Temple si trova al 288 South Bridge Road, Singapore 058840, nel cuore del quartiere di Chinatown.

Descrizione:

- **Architettura Impressionante:**

    Il tempio è un capolavoro architettonico, costruito in stile cinese tradizionale con dettagli intricati, sculture ornamentali e una torre principale che si erge maestosamente.

- **Dea Kuan Yin Hall:**

    Una delle principali aree del tempio è la Dea Kuan Yin Hall, dedicata alla dea della compassione, con una statua impressionante di Kuan Yin alta cinque metri.

- **Sala della Reliquia del Dente di Buddha:**

Il tempio prende il nome dalla sacra reliquia del dente di Buddha, custodita in una stupa di oro massiccio al quarto piano. La sala è magnificamente decorata e offre un'atmosfera spirituale.

- **Museo e Galleria d'Arte:**

    Il tempio ospita anche un museo che espone una vasta collezione di arte buddhista e manufatti religiosi, offrendo ai visitatori un'immersione nella storia e nella cultura buddhista.

- **Pagoda in Stile Cinese:**

    Una caratteristica distintiva del tempio è la sua pagoda a cinque piani, che offre una vista panoramica di Chinatown dalla sua terrazza.

Eventi e Celebrazioni:

Il Buddha Tooth Relic Temple è il luogo di numerose celebrazioni e festival buddhisti durante l'anno, attirando devoti e visitatori da tutto il mondo.

Orari di Apertura:

Il tempio è generalmente aperto tutti i giorni dalle prime ore del mattino fino alla sera. Gli orari precisi possono variare, quindi è consigliabile verificare prima della visita.

Consigli Pratici:

Abbigliamento Adeguato:

Poiché il tempio è un luogo sacro, è consigliabile indossare abiti modesti e coprirsi le spalle e le ginocchia durante la visita.

Rispetto per le Cerimonie:

Se il tempio è coinvolto in una cerimonia, si prega di osservare il silenzio e di rispettare la sacralità dell'evento.

Fotografie:
Chiedi il permesso prima di scattare fotografie, in particolare durante le cerimonie e nelle aree più sacre del tempio.

Il Buddha Tooth Relic Temple è un luogo di pace, riflessione e bellezza artistica, offrendo un'esperienza spirituale e culturale unica nel cuore di Chinatown, Singapore.

Consigli Pratici:

Esplora i mercati locali e prova la cucina di strada per un'esperienza gastronomica autentica.

Visita i templi durante le festività religiose per sperimentare la spiritualità e le tradizioni locali.

Chinatown a Singapore offre una fusione di storia, cultura e gastronomia, creando un'esperienza unica e coinvolgente per i visitatori che desiderano scoprire la ricca eredità cinese di questa vivace città.

LITTLE INDIA A SINGAPORE: UN'ESPERIENZA CULTURALE VIBRANTE

Ubicazione:

Little India si trova a nord-est del centro di Singapore, con il suo cuore pulsante attorno a Serangoon Road e le strade circostanti. Little India è rinomata per i suoi mercati colorati, negozi di spezie e profumi che riempiono l'aria. La zona è un vero e proprio caleidoscopio di colori, suoni e odori tipici dell'India.

Come Arrivare a Little India a Singapore: Opzioni di Trasporto

- **Metro (MRT):**

    La forma più conveniente di trasporto pubblico per raggiungere Little India è prendere la MRT (Mass Rapid Transit). La stazione principale è la "Little India MRT Station" (NE7/DT12), che si trova sulla Downtown Line (DTL) e sulla North East Line (NEL).

- **Autobus:**

    Numerose linee di autobus servono Little India da diverse parti di Singapore. Puoi consultare le rotte e gli orari degli autobus sul sito web di Singapore's Public Transport.

- **Taxi:**

    I taxi sono facilmente disponibili a Singapore e possono portarti direttamente a Little India. Assicurati di utilizzare taxi autorizzati per garantire tariffe corrette.

- **Auto Privata:**

    Se preferisci l'indipendenza, puoi noleggiare un'auto o utilizzare servizi di ride-sharing come Grab o Uber.

- **A Piedi:**

    A seconda della tua posizione, potresti persino considerare una piacevole passeggiata verso Little India, specialmente se ti trovi nelle vicinanze.

Da Orchard Road (Centro Commerciale):

Prendi la MRT North East Line (NEL) dalla stazione Orchard MRT (NS22) in direzione nord e scendi alla stazione Little India MRT (NE7/DT12).

Da Marina Bay Sands:

Prendi la MRT Downtown Line (DTL) dalla stazione Bayfront MRT (CE1/DT16) in direzione nord e scendi alla stazione Little India MRT (NE7/DT12).

Da Changi Airport:

Prendi la MRT East West Line (EWL) dalla stazione Changi Airport MRT (CG2) in direzione ovest, scendi a Tanah Merah (EW4/CG), quindi cambia alla Downtown Line (DTL) in direzione ovest e scendi alla stazione Little India MRT (NE7/DT12).

Ricorda di verificare gli orari dei mezzi pubblici, specialmente se hai pianificato la tua visita durante le ore di punta o durante le festività.

La MRT è spesso il modo più veloce e conveniente per spostarsi a Singapore.

Tempio di Sri Veeramakaliamman: Un'icona Spirituale a Little India Ubicazione:

Il Tempio di Sri Veeramakaliamman si trova al 141 Serangoon Road, Little India, Singapore.

Descrizione:

- **Architettura Maestosa:**

    Il Tempio di Sri Veeramakaliamman è un'imponente struttura dedicata a Kali, la dea hindu della distruzione e del

    cambiamento. La sua architettura è caratterizzata da torri

colorate e sculture dettagliate.

- **Statue e Sculture Sacre:**

    All'interno del tempio, troverai statue e sculture sacre che raffigurano diverse divinità hindu. La statua di Sri Veeramakaliamman è particolarmente impressionante, con la dea che tiene in mano armi simboliche.

- **Celebrazioni e Festival:**

    Il tempio è al centro di importanti celebrazioni religiose, in particolare durante il festival di Thaipusam, quando i devoti si radunano per esprimere devozione attraverso rituali e processioni.

- **Artigianato e Decorazioni Artistiche:**

    Le pareti del tempio sono adornate con colorate decorazioni artistiche e dettagli architettonici, offrendo uno spettacolo visivo che riflette la ricca tradizione artistica dell'India.

Consigli Pratici:

Abbigliamento Adeguato:

Poiché il tempio è un luogo sacro, è consigliabile indossare abiti modesti. Spalle e ginocchia dovrebbero essere coperte durante la visita.

Rispetto durante le Preghiere:

Se il tempio è coinvolto in cerimonie o preghiere, osserva il silenzio e rispetta la sacralità dell'evento.

Fotografie:

Chiedi il permesso prima di scattare fotografie, specialmente durante le cerimonie e nelle aree più sacre del tempio.

Il Tempio di Sri Veeramakaliamman è non solo un luogo di culto significativo ma anche una testimonianza della ricca eredità culturale di Little India a Singapore. Una visita offre un'esperienza spirituale e culturale unica.

Tekka Centre a Little India: Un Mercato Multiculturale di Singapore Ubicazione:

Tekka Centre si trova al 665 Buffalo Road, Singapore 210665, nel cuore di Little India.

Descrizione:

- **Mercato Alimentare:**

    Tekka Centre è conosciuto per il suo mercato alimentare che offre una varietà di cibi tradizionali indiani e multiculturali.
    Troverai bancarelle di frutta fresca, verdura, carne, pesce e molti altri ingredienti.

- **Ristoranti e Cucina di Strada:**

    L'interno del centro ospita una vasta gamma di ristoranti e bancarelle di cibo di strada, offrendo piatti autentici come dosa, biryani, curry, roti prata e molto altro.

- **Negozio di Spezie e Articoli Indiani:**

    Esplora i negozi di spezie e articoli indiani per acquistare ingredienti esotici, spezie fresche e souvenir unici.

- **Mercato Generale:**

    Oltre al cibo, Tekka Centre ha un mercato generale che offre abbigliamento, tessuti, scarpe, e altri prodotti vari a prezzi convenienti.

Consigli Pratici:

Esplora le Bancarelle:

Dedica del tempo a esplorare le bancarelle del mercato alimentare, scoprendo nuovi sapori e ingredienti.

Assaggia la Cucina di Strada:

Approfitta delle numerose bancarelle di cibo di strada per assaporare autentiche prelibatezze indiani a prezzi accessibili.

Acquista Spezie Fresche:

Se sei appassionato di cucina, approfitta dei negozi di spezie per acquistare spezie fresche e autentiche.

Visita il Mercato Generale:

Dai un'occhiata al mercato generale per acquistare prodotti a prezzi convenienti, inclusi abbigliamento tradizionale, accessori
e oggetti vari.

Tekka Centre è una tappa imperdibile per coloro che desiderano esplorare la cultura e la cucina di Little India a Singapore. L'atmosfera vivace e i sapori autentici rendono questo luogo unico e affascinante.

Little India Arcade a Singapore: Un Affascinante Bazar di Cultura e Artigianato

Ubicazione:

Little India Arcade si trova lungo Serangoon Road, nel cuore del quartiere di Little India a Singapore.

Descrizione:

- **Atmosfera Tradizionale:**

    Little India Arcade è un bazar che riflette l'atmosfera tradizionale di Little India. Le sue strade colorate sono fiancheggiate da negozi che vendono una vasta gamma di prodotti artigianali e tradizionali.

- **Artigianato e Souvenir:**

    Esplora i negozi che offrono una varietà di prodotti artigianali, gioielli, tessuti, tessuti, sculture, e souvenir

unici che rappresentano la ricca cultura indiana.
- **Abbigliamento Tradizionale:**

    Troverai negozi che vendono abbigliamento tradizionale indiano, come sari, kurta, lungi e altri vestiti tipici. È un ottimo posto per immergersi nell'eleganza dell'abbigliamento indiano.

- **Gastronomia:**

    Oltre agli articoli artigianali, troverai anche piccoli punti vendita che offrono prelibatezze culinarie indiane, permettendoti di assaporare autentiche delizie durante il tuo shopping.

- **Eventi Culturali:**

    Little India Arcade è spesso animato da eventi culturali, spettacoli dal vivo e manifestazioni durante festività e celebrazioni speciali.

Consigli Pratici:

  Tempo per Esplorare:

    Dedica del tempo per esplorare i negozi con calma, poiché c'è una vasta gamma di prodotti interessanti da scoprire.

  Acquisti Souvenir:

    Se stai cercando souvenir unici che rappresentano la cultura locale, Little India Arcade è il posto giusto.

  Esperienza Gastronomica:

    Approfitta dei piccoli punti vendita per gustare autentici spuntini indiani durante la tua visita.

  Partecipa agli Eventi:

    Se visiti durante festività o eventi speciali, partecipa alle attività culturali organizzate nell'area per vivere appieno l'atmosfera festosa.

Little India Arcade offre un'esperienza di shopping unica,

permettendo ai visitatori di immergersi nell'arte, nell'artigianato e nella cultura vibrante di Little India.

Esplorando il Cibo Indiano Autentico a Little India, Singapore

Little India a Singapore è rinomata per la sua vivace scena culinaria, offrendo una vasta gamma di prelibatezze indiane autentiche. Ecco alcune imperdibili esperienze culinarie:

- **Biryani al Dum:**

    Assapora il biryani al dum, un piatto di riso aromatizzato cotto a fuoco lento con spezie, carne (pollo, agnello o manzo) e yogurt. Molti ristoranti in Little India sono rinomati per il loro biryani delizioso.

- **Dosa:**

    Prova il dosa, una sottile frittella di riso fermentato e farina di lenticchie, spesso servita con salse come sambar e chutney di cocco. Puoi trovare varietà di dosa, da quelli ripieni a quelli croccanti.

- **Roti Prata:**

    Gusta i roti prata, sottili sfoglie di pane indiano arrostito e servito con curry. Possono essere accompagnati da ingredienti come uova, carne o formaggio.

- **Thali:**

    Ordina un thali, un vassoio che presenta una selezione di piatti indiani, come curry, dal, riso, pane e condimenti vari. È un'ottima opzione per assaporare una varietà di sapori in un unico pasto.

- **Paneer Tikka:**

    Deliziosi bocconcini di paneer (formaggio indiano) marinati in spezie e grigliati. Sono spesso serviti con chutney e sono una scelta popolare per gli antipasti.

- **Masala Chai:**

Concludi il pasto con una tazza di masala chai, tè indiano condito con spezie come cannella, cardamomo e zenzero. È una bevanda rinfrescante e aromaticamente deliziosa.

- **Samosa:**

    Assaggia le samosa, triangoli di pasta ripieni di patate, piselli, spezie e spesso carne. Sono una scelta perfetta per uno spuntino saporito.

- **Kulfi:**

    Concludi il pasto con il kulfi, un gelato indiano ricco e cremoso, spesso aromatizzato con pistacchi, cardamomo o rose.

Dove Trovare il Cibo Indiano a Little India:

Ristoranti come Komala Vilas, Banana Leaf Apollo, Ananda Bhavan e Tekka Centre offrono un'ampia selezione di piatti indiani autentici.

Esplorare il cibo indiano autentico a Little India è un viaggio culinario che porta i visitatori a gustare sapori ricchi e autentici, immergendosi nella tradizione gastronomica dell'India.

Consigli Pratici:

Esplora a Piedi:

La vera essenza di Little India si scopre passeggiando tra le sue strade. Dedica del tempo a camminare senza meta, scoprendo negozi caratteristici e colorati.

Assapora il Cibo di Strada:

Non perdere l'opportunità di provare il cibo di strada indiano. Le bancarelle offrono un'ampia varietà di spuntini deliziosi.

CUCINA E RISTORANTI

Cibi tipici di Singapore

Singapore è un melting pot di culture e tradizioni culinarie, offrendo una straordinaria varietà di cibi deliziosi. Ecco alcuni cibi tipici di Singapore che dovresti assolutamente provare:

- **Hainanese Chicken Rice:**

    Pollo cotto sottovuoto e servito con riso aromatizzato, accompagnato da salsa di zenzero, salsa di soia e chili.

- **Chilli Crab:**

    Granchio cotto in una salsa piccante e saporita a base di pomodoro, peperoncino, aglio e spezie.

- **Char Kway Teow:**

    Una pietanza di noodles fritti al wok con gamberi, uova, salsicce cinesi e cipolla verde, condita con salsa di ostriche e salsa di soia.

- **Laksa:**

    Una zuppa di noodle di riso in un brodo cremoso al curry di cocco, arricchita con ingredienti come gamberi, pollo, uova e germogli di soia.

- **Hokkien Mee:**

    Una pietanza di noodles gialli spessi saltati con gamberi, calamari, uova e uno spesso brodo di pesce.

- **Nasi Lemak:**

    Riso cotto nel latte di cocco, servito con arachidi, acciughe, uova sode, cetrioli e sambal (una salsa piccante).

- **Satay:**

    Spiedini di carne (pollo, manzo o agnello) marinati e grigliati, spesso accompagnati da una salsa di arachidi.

- **Kaya Toast:**

    Pane tostato con kaya (una marmellata di uova, cocco, zucchero e pandan) e burro, spesso servito con uova sode e caffè kopi (caffè tradizionale).

- **Rojak:**

    Un'insalata di frutta e verdura miste, arricchita con una salsa a base di gamberi secchi, tamarindo e pepe.

- **Fish Head Curry:**

    Una pietanza a base di testa di pesce cotta in una salsa curry ricca, con verdure come pomodori, okra e melanzane.

- **Kueh:**

    Dolci tradizionali di origine malese, spesso fatti con farina di riso e zucchero, come il kueh lapis (strati di dolce al cocco) o il kueh dadar (avvolto in foglie di pandan).

- **Durian:**

    Il "Re dei Frutti", noto per il suo aroma pungente. Se sei avventuroso, prova questa frutta tropicale presso i mercati locali.

- **Bubble Tea:**

    Una popolare bevanda taiwanese a base di tè, latte e perle di tapioca nere. Numerose varianti sono disponibili.

- **Cendol:**

    Un dessert a base di ghiaccio triturato, latte di cocco, gelatina verde e melassa di palma.

Esplorare la scena culinaria di Singapore è un'esperienza incredibile, e questi piatti rappresentano solo un assaggio della ricca diversità gastronomica della città.

ESPERIENZE GASTRONOMICHE DI LUSSO E CUCINA INTERNAZIONALE A SINGAPORE

Singapore vanta una scena culinaria di lusso eccezionale, con ristoranti premiati e chef rinomati che offrono esperienze gastronomiche uniche. Ecco alcuni ristoranti di lusso e opzioni di cucina internazionale da considerare:

- **Joël Robuchon Restaurant:**

    Uno dei ristoranti più prestigiosi di Singapore, offre una cucina francese raffinata del famoso chef Joël Robuchon.

- **L'Atelier de Joël Robuchon:**

    Una variante più informale del ristorante principale, con un'atmosfera di cucina aperta che permette agli ospiti di osservare i cuochi all'opera.

- **Jaan by Kirk Westaway:**

    Situato al 70° piano di Swissôtel The Stamford, offre piatti moderni con influenze britanniche e ingredienti stagionali.

- **Odette:**

    Premiato con stelle Michelin, il ristorante serve piatti francesi moderni e creativi, curati dallo chef Julien Royer.

- **Les Amis:**

    Un ristorante francese classico che ha ottenuto stelle Michelin, con un menu che celebra la cucina raffinata e il vino di alta qualità.

- **Cut by Wolfgang Puck:**

Guidato dal famoso chef Wolfgang Puck, Cut è specializzato in bistecche di alta qualità e offre un'esperienza gastronomica unica.

- **Waku Ghin:**

    Un ristorante giapponese moderno di alta classe, guidato dallo chef Tetsuya Wakuda, noto per i suoi piatti creativi e raffinati.

- **Restaurant André:**

    Un ristorante francese che ha ottenuto prestigiosi riconoscimenti, guidato dallo chef André Chiang, noto per la sua filosofia culinaria unica.

- **CUT by Wolfgang Puck:**

    Situato presso il Marina Bay Sands, offre prelibatezze a base di carne preparate da Wolfgang Puck, celebre chef americano.

- **Shoukouwa:**

    Ristorante giapponese specializzato in sushi e sashimi, con ingredienti di prima qualità preparati da chef esperti.

- **Jaime's Italian:**

    Creato dal celebre chef britannico Jamie Oliver, offre piatti italiani moderni in un'atmosfera raffinata.

- **Zafferano:**

    Situato nel cuore del distretto finanziario di Singapore, offre cucina italiana moderna con una vista spettacolare sulla città.

Questi ristoranti di lusso offrono un'ampia varietà di esperienze gastronomiche, dalla cucina francese alla giapponese, offrendo ai visitatori una panoramica delle eccellenze culinarie a Singapore.

SHOPPING A SINGAPORE

Esplorare Orchard Road a Singapore: Shopping, Intrattenimento e Cibo

Descrizione Generale:

Orchard Road, situata nel cuore di Singapore, è la principale via dello shopping, nota per i suoi centri commerciali di lusso, boutique di moda, ristoranti di alta classe e luoghi di intrattenimento. Ecco cosa puoi aspettarti mentre esplori questa vivace e affascinante strada:

Shopping di Lusso:

- **ION Orchard (2 Orchard Turn, Singapore 238801):**

    Un centro commerciale di lusso con una vasta selezione di marchi internazionali, boutique di design e ristoranti sofisticati.

- **Ngee Ann City (Takashimaya) (391 Orchard Road, Singapore 238873):**

    Uno dei centri commerciali più grandi di Orchard Road, con numerosi negozi di alta moda, grandi magazzini e una food court.

- **Paragon (290 Orchard Road, Singapore 238859):**

    Rivolto a chi ama lo shopping di lusso, Paragon ospita marchi di alta moda, gioiellerie e negozi di prodotti di design.

Centri Commerciali Iconici:

- **Orchard Central (181**

Orchard Road, Singapore 238896):

Con un design architettonico unico, offre una varietà di negozi, ristoranti e bar sul tetto con una vista panoramica.

- **313@Somerset (313 Orchard Road, Singapore 238895):**

    Un centro commerciale con un mix di negozi di moda, ristoranti alla moda e opzioni di intrattenimento.

Ristoranti e Caffè:

- **Dempsey Hill (Dempsey Road, Singapore):**

    Non lontano da Orchard Road, è una destinazione culinaria con ristoranti alla moda, caffetterie e bar.

- **Orchard Road Food Street:**

    Una selezione di ristoranti e bancarelle di cibo lungo Orchard Road che offrono piatti locali e internazionali.

Intrattenimento e Cultura:

- **Teatro della Commedia (The Comedy Club):**

    Per una serata divertente, visita il Comedy Club per spettacoli di comici locali e internazionali.

- **Teatro dell'Arte Drammatica di Singapore (Singapore Repertory Theatre):**

    Per gli amanti del teatro, questo teatro offre produzioni drammatiche di alta qualità.

Hotel e Luoghi di Soggiorno:

- **Hotel di Lusso:**

Orchard Road è circondata da hotel di lusso come il Marriott Tang Plaza Hotel (320 Orchard Road, Singapore 238865) e il Grand Hyatt Singapore (10 Scotts Road, Singapore 228211).

Eventi e Festival:

- **Luce Della Città (Christmas on A Great Street):**

   Durante il periodo natalizio, Orchard Road si illumina con decorazioni spettacolari e un'atmosfera festosa.

Consigli Pratici:

Orchard Road è facilmente accessibile attraverso la stazione MRT Orchard, e le stazioni vicine sono Somerset e Dhoby Ghaut.

Esplorare Orchard Road è un'esperienza multisensoriale, dalla moda all'intrattenimento e alla gastronomia. È il cuore pulsante dello shopping e dello stile di vita a Singapore.

ESPLORARE BUGIS STREET A SINGAPORE: SHOPPING, CIBO E CULTURA URBANA

Descrizione Generale:

Bugis Street è una delle destinazioni più vivaci e popolari di Singapore, offrendo un mix eclettico di negozi alla moda, bancarelle colorate, ristoranti economici e un'atmosfera animata. Ecco cosa aspettarti mentre esplori questa affascinante zona:

Shopping Economico e alla Moda:

- **Bugis Street Market (3 New Bugis St, Singapore 188867):**

    Il cuore pulsante di Bugis, questo mercato è famoso per i suoi negozi economici, bancarelle di abbigliamento alla moda, accessori e souvenir unici.

- **Bugis Junction (200 Victoria Street, Singapore 188021):**

    Un centro commerciale adiacente a Bugis Street Market, offre una miscela di negozi di marca, ristoranti e una food court con cucina locale ed internazionale.

Ristoranti e Street Food:

- **Albert Centre Market & Food Centre (270 Queen Street, Singapore 180270):**

    Un food court popolare che serve una varietà di piatti locali a prezzi accessibili. Perfetto per assaporare la cucina singaporeana autentica.

- **Bugis Cube (470 North Bridge Road, Singapore 188735):**

Questo edificio ospita una varietà di ristoranti e caffè che offrono cucina internazionale e opzioni di street food.

Cultura Urbana e Intrattenimento:

- **Haji Lane (Haji Lane, Singapore 189244):**

    Una strada pittoresca nota per i suoi negozi di moda indie, caffè alla moda, murales artistici e atmosfera bohémien.

- **Sultan Mosque (3 Muscat Street, Singapore 198833):**

    Una delle moschee più grandi di Singapore, con una magnifica architettura islamica. Aperta ai visitatori non musulmani durante determinati orari.

Consigli Pratici:

Bugis Street è facilmente raggiungibile tramite la stazione MRT Bugis, posizionata strategicamente al centro dell'area.

Esperienze Uniche:

Esplora Haji Lane per un'esperienza di shopping alternativa e scopri i negozi alla moda e i murales artistici.

Prova il cibo di strada a Bugis Street Market e sperimenta i sapori locali a un costo conveniente.

Visita Sultan Mosque per ammirare l'architettura mozzafiato e scoprire la cultura religiosa di Singapore.

Bugis Street è un luogo dinamico che offre una miscela di cultura urbana, shopping economico e delizie culinarie. È un punto di incontro per i residenti e i visitatori che desiderano esplorare la diversità di Singapore in un ambiente vivace e accattivante.

ESPLORARE VIVOCITY E HARBOURFRONT A SINGAPORE: SHOPPING, CIBO E VISTA SUL MARE

Descrizione Generale:

VivoCity e HarbourFront sono destinazioni chiave situate vicino al porto di Singapore, offrendo una combinazione di shopping, ristoranti, intrattenimento e una vista spettacolare sul mare. Ecco cosa puoi aspettarti mentre esplori questa vivace zona:

VivoCity (1 HarbourFront Walk, Singapore 098585):

- **Shopping al VivoCity:**

    VivoCity è uno dei centri commerciali più grandi di Singapore, con una vasta gamma di negozi, dai marchi di moda internazionali alle boutique locali.

- **Food Republic (VivoCity, Livello 3):**

    Un'ampia selezione di cibo locale e internazionale nella food court di VivoCity, perfetta per una pausa pranzo durante lo shopping.

- **Sky Park e Play Court (VivoCity, Livello 3):**

    Il Sky Park offre una vista panoramica spettacolare sul porto e sulla città. Il Play Court è un'area per famiglie con giochi interattivi per i bambini.

- **Golden Village (VivoCity, Livello 2):**

    Un cinema multiplex di lusso con molte opzioni di proiezione, perfetto per godersi un film dopo lo shopping.

HarbourFront (Maritime

Square, Singapore 099253):

- **Boardwalk to Sentosa:**

    Un pittoresco boardwalk che collega HarbourFront a Sentosa, offrendo una piacevole passeggiata con vista sul mare.

- **Sentosa Express (HarbourFront Tower 2):**

    Una comoda stazione per Sentosa Express che ti porterà sull'isola di Sentosa in pochi minuti.

- **Stazione MRT HarbourFront:**

    Una stazione MRT strategica che collega le linee North-East e Circle, facilitando gli spostamenti verso altre parti di Singapore.

- **Singapore Cable Car (HarbourFront Tower 2):**

    Goditi un'esperienza unica aerea con la Singapore Cable Car che collega HarbourFront a Sentosa e Mount Faber.

Consigli Pratici:

VivoCity e HarbourFront sono facilmente accessibili tramite la stazione MRT HarbourFront.

Sfrutta il boardwalk per una piacevole passeggiata verso Sentosa, godendo della brezza marina e delle viste panoramiche.

Esplora le opzioni di ristoranti sia a VivoCity che lungo il boardwalk per gustare una varietà di cucine.

VivoCity e HarbourFront offrono un'esperienza completa, unendo lo shopping di qualità, le delizie culinarie e le viste mozzafiato sul mare.

Sia che tu stia cercando un giorno di shopping o un luogo panoramico per rilassarti, questa zona ha molto da offrire.

VITA NOTTURNA

Esplorare Clarke Quay a Singapore: Vita Notturna, Ristoranti e Crociera sul Fiume

Descrizione Generale:

Clarke Quay è una delle zone più animate e alla moda di Singapore, famosa per la sua vita notturna vibrante, ristoranti sul fiume e atmosfera gioiosa. Ecco cosa puoi aspettarti mentre esplori questa affascinante area:

Ristoranti e Vita Notturna:

- **Ristoranti e Bar Lungo il Fiume:**

    Clarke Quay offre una vasta gamma di ristoranti, bar e pub che si affacciano sul fiume. Puoi gustare cucina locale e internazionale mentre godi della brezza del fiume.

- **Discoteche e Locali Notturni:**

    La zona è nota per i suoi club e discoteche alla moda, perfetti per chi ama ballare e divertirsi fino a tarda notte.

- **Harry's (3D River Valley Road, Clarke Quay):**

    Una catena di bar con un'atmosfera rilassata, ideale per gustare drink e stuzzichini.

Crociere sul Fiume:

- **Crociere Notturne sul Fiume Singapore:**

    Numerose compagnie offrono crociere serali sul fiume Singapore, consentendoti di ammirare le luci della città e gli edifici iconici mentre navighi sul fiume.

- **Clarke Quay Riverside:**

    La passeggiata lungo il fiume è perfetta per una serata

romantica o per semplicemente godersi l'atmosfera vivace.

Eventi e Spettacoli:

- **G-MAX Reverse Bungy (3E River Valley Road, Clarke Quay):**

  Per gli amanti dell'adrenalina, questa attrazione offre un'esperienza unica di lancio verso l'alto.

- **Spettacoli Dal Vivo:**

  Molti locali presentano spettacoli dal vivo, dalla musica dal vivo alle esibizioni di artisti di strada.

Consigli Pratici:

Clarke Quay è facilmente accessibile tramite la stazione MRT Clarke Quay.

La zona è particolarmente affollata durante i fine settimana e le serate, creando un'atmosfera vivace.

Pianifica una crociera serale sul fiume per ammirare la città illuminata da una prospettiva unica.

Clarke Quay è il luogo ideale per chi cerca un'esperienza notturna animata e divertente. Con una varietà di opzioni per il cibo, la musica e l'intrattenimento, la zona offre una serata indimenticabile lungo le rive del fiume Singapore.

ESPLORARE BOAT QUAY A SINGAPORE: RISTORANTI, BAR E VISTA SUL FIUME

Descrizione Generale:

Boat Quay è una delle icone di Singapore, situata lungo il fiume Singapore, celebre per i suoi ristoranti, bar e l'atmosfera unica che offre.

Ecco cosa puoi aspettarti mentre esplori questa affascinante zona:

Ristoranti e Bar Lungo il Fiume:

- **Ristoranti con Terrazza sul Fiume:**

    Boat Quay è punteggiato da una serie di ristoranti e bar con terrazza sul fiume, offrendo una vista spettacolare e un'atmosfera romantica.

- **Cucina Locale e Internazionale:**

    Troverai una varietà di cucine locali e internazionali, dalle prelibatezze singaporeane ai piatti occidentali, creando un'esperienza culinaria diversificata.

- **No Signboard Seafood (414 Geylang Road, Boat Quay):**

    Un ristorante di frutti di mare famoso per il suo chili crab e altri piatti a base di frutti di mare.

Vita Notturna:

- **Bar e Pub Animati:**

    Boat Quay è anche noto per la sua vita notturna vivace, con numerosi bar e pub che offrono bevande, musica dal vivo e spettacoli.

- **Sulle Acque del Fiume:**

Alcune delle attività notturne includono crociere serali sul fiume, offrendo una prospettiva mozzafiato delle luci della città.

Vista Panoramica:

- **Terrazze Panoramiche:**

    Alcuni locali offrono terrazze panoramiche che permettono agli ospiti di godere della brezza del fiume e delle spettacolari vedute sulla città.

Eventi e Intrattenimento:

- **Attività Ricreative:**

    Lungo il fiume, troverai spazi per attività ricreative, come piste ciclabili e aree per sedersi e rilassarsi.

Consigli Pratici:

Boat Quay è facilmente raggiungibile tramite la stazione MRT Raffles Place.

Pianifica una visita durante le ore serali per sperimentare l'atmosfera vibrante e le luci della città illuminate.

Scegli un ristorante con terrazza per godere appieno della vista panoramica durante i pasti.

Boat Quay è il luogo perfetto per chi cerca un'esperienza gastronomica e notturna lungo le rive del fiume Singapore. Con una vasta selezione di ristoranti, bar e attività ricreative, offre una combinazione unica di divertimento e relax.

Bar e Club di Moda a Singapore: Dove Vivere la Vita Notturna alla Moda

Singapore offre una scena notturna vivace e alla moda con una varietà di bar e club che attirano locali e visitatori. Ecco alcune destinazioni di tendenza per vivere la vita notturna alla moda:

- **CÉ LA VI (1 Bayfront Avenue, Marina Bay**

Sands):

Situato sulla cima del Marina Bay Sands, CÉ LA VI offre un'esperienza esclusiva con una vista panoramica sulla città. È rinomato per i cocktail creativi e la musica dal vivo.

- **1-Altitude (1 Raffles Place, One Raffles Place Tower 1):**

    Conosciuto come il bar all'aperto più alto del mondo, 1-Altitude offre una vista mozzafiato sulla skyline di Singapore. È un luogo di ritrovo elegante con DJ che suonano musica di tendenza.

- **Marquee Singapore (2 Bayfront Avenue, B1-67, Galleria Shoppes, Marina Bay Sands):**

    Un club notturno di fama mondiale situato all'interno di Marina Bay Sands, Marquee è celebre per le sue feste esclusive e gli spettacoli di artisti internazionali.

- **Zouk Singapore (3C River Valley Road, The Cannery):**

    Una istituzione nella vita notturna di Singapore, Zouk è un club iconico che offre una varietà di generi musicali, dalla musica elettronica ai successi pop.

- **Employees Only (112 Amoy Street):**

    Un cocktail bar alla moda con un'atmosfera retrò e una selezione di cocktail artigianali. È noto per il suo stile speakeasy.

- **Jigger & Pony (165 Tanjong Pagar Road, Amara Hotel):**

    Un bar classico con uno stile vintage, Jigger & Pony è famoso per i suoi cocktail creativi e l'atmosfera rilassata.

- **Atlas Bar (600 North Bridge Road, Parkview Square):**

    Uno dei bar più imponenti di Singapore, Atlas Bar offre una vasta selezione di gin e un ambiente sontuoso con tocchi di opulenza.

- **Lavo Singapore (10 Bayfront Avenue, Marina Bay Sands):**

    Un ristorante italiano che si trasforma in un club notturno alla moda dopo il tramonto. Offre una pista da ballo e un'atmosfera festosa.

- **Bang Bang (7 Raffles Boulevard, Marina Square):**

    Situato a Marina Square, Bang Bang è un club notturno alla moda che ospita DJ internazionali e offre una pista da ballo energica.

- **LeVel33 (8 Marina Boulevard, Marina Bay Financial Centre):**

    Il pub microbirrificio più alto del mondo, LeVel33 offre una selezione di birre artigianali, piatti gourmet e una vista panoramica sulla città.

Ricorda che le tendenze nella vita notturna possono cambiare, quindi è sempre una buona idea verificare gli eventi e le serate speciali prima di pianificare la tua visita.

EVENTI E FESTIVAL
Festival di Singapore: Esperienze Culturali e Celebrative

Singapore ospita numerosi festival durante l'anno, offrendo agli abitanti e ai visitatori un'ampia varietà di esperienze culturali, artistiche e celebrative. Ecco alcuni dei festival più significativi:

- **Festival delle Luci di Deepavali:**

  Celebrato dalla comunità indiana, Deepavali, noto anche come Diwali, è un festival delle luci che illumina le strade di Little India. Gli edifici sono decorati con lampade colorate, e si svolgono spettacoli, processioni e attività culturali.

- **Capodanno Cinese (Chinese New Year):**

  Una delle festività più importanti a Singapore, il Capodanno Cinese porta celebrazioni su larga scala con parate di leoni, danze del drago, fuochi d'artificio e decorazioni tradizionali rosse.

- **Festival di Thaipusam:**

  Celebrato dalla comunità tamil, Thaipusam è un festival dedicato al dio Murugan. I devoti svolgono processioni impressionanti, indossando abiti colorati e portando offerte, spesso attraverso percorsi rituali con piercing corporeo.

- **Festival del Pesce Luminoso (iLight Marina Bay):**

  Un festival artistico di luci che trasforma il waterfront di Marina Bay con installazioni luminose uniche. I visitatori possono passeggiare lungo il promontorio e ammirare le opere d'arte illuminate.

- **Festival della Letteratura di Singapore:**

    Un evento annuale dedicato alla promozione della letteratura locale e internazionale. Include letture, discussioni, workshop e partecipazioni di autori di fama mondiale.

- **Festival delle Arti di Singapore (Singapore Arts Festival):**

    Un evento multi-disciplinare che celebra le arti performative, visive e letterarie. Offre spettacoli teatrali, concerti, mostre d'arte e molto altro.

- **Festival del Ramadan e Hari Raya Puasa:**

    Durante il mese di Ramadan, la comunità musulmana celebra con preghiere, digiuni e attività culturali. Il Hari Raya Puasa segna la fine del Ramadan ed è un periodo di festa, con scambi di doni e visite a parenti e amici.

- **Festival di Hungry Ghost (Zhong Yuan Jie):**

    Una celebrazione cinese che onora gli spiriti defunti. Le strade sono animate con spettacoli teatrali cinesi, danze del leone, processioni e offerte ai defunti.

- **Festival di Chingay:**

    Uno dei più grandi e spettacolari festival di Singapore, Chingay celebra il Capodanno Cinese con parate, danze, spettacoli acrobatici e carri allegorici colorati.

- **Singapore International Film Festival (SGIFF):**

    Un festival cinematografico che presenta una selezione

diversificata di film locali e internazionali. Include proiezioni, anteprime mondiali e incontri con registi.

Prima di pianificare la tua visita, è consigliabile verificare le date specifiche di ogni festival, poiché possono variare di anno in anno.

CONSIGLI PER I VIAGGIATORI

Norme di comportamento

Singapore è una società multiculturale con una storia di diversità etnica e religiosa. Per garantire un'esperienza positiva durante la tua visita, è importante rispettare le norme di comportamento locali. Ecco alcune linee guida:

- **Rispetto per la Diversità:**

    Singapore è una società multietnica e multireligiosa. Rispetta la diversità culturale e religiosa, evita comportamenti o commenti che possano essere considerati offensivi.

- **Abbigliamento Adeguato:**

    In luoghi pubblici e religiosi, è consigliabile indossare abiti modesti. Le spiagge sono un'eccezione, ma è bene coprirsi quando si esce dalla zona balneare.

- **Rispetto per l'Ordine Pubblico:**

    Singapore è conosciuta per la sua pulizia e ordine pubblico. Mantieni un comportamento rispettoso, evita di gettare rifiuti in strada o di masticare gomme nelle aree pubbliche (è vietato masticare gomme in alcune zone).

- **Rispetto per la Proprietà Pubblica:**

    Non danneggiare o vandalizzare la proprietà pubblica o privata. Anche piccoli atti di vandalismo possono comportare severe sanzioni.

- **Divieto di Fumo in Luoghi Pubblici:**

È vietato fumare in molte aree pubbliche, come stazioni MRT, ristoranti e alcune aree all'aperto. Rispetta le leggi anti-fumo.

- **Divieto di Droga:**

  Il possesso e l'uso di droghe sono illegali e possono comportare pene severe, inclusa la pena di morte per alcune violazioni.

- **Pulizia e Igiene:**

  Rispetta l'attenzione alla pulizia e all'igiene. Getta i rifiuti negli appositi contenitori e rispetta le norme di igiene personale.

- **Rispetto per i Luoghi di Culto:**

  Quando visiti luoghi di culto, come templi o moschee, segui le regole locali. Rimuovi le scarpe prima di entrare e rispetta il silenzio.

- **Norme di Etichetta nei Ristoranti:**

  Attendi di essere invitato a sederti in un ristorante e attendi che il padrone di casa inizi il pasto prima di iniziare a mangiare.

  Usa le posate o le mani a seconda della cultura alimentare del luogo.

- **Rispetto per le Leggi Stradali:**

  Rispetta le norme del traffico e usa le strisce pedonali. Il mancato rispetto delle leggi stradali può comportare multe.

- **Rispetto per la Privacy:**

  Evita di fotografare persone senza il loro consenso,

specialmente in contesti religiosi o culturali sensibili.

- **Divieto del Durian:**

    Il durian, un frutto locale noto per il suo forte odore, è vietato in molti luoghi pubblici, compresi trasporti pubblici, alberghi e ristoranti. Rispetta questo divieto per evitare disagi.

Rispettare queste norme di comportamento contribuirà a rendere la tua visita a Singapore piacevole e senza intoppi. Ricorda che le leggi locali sono rigorosamente applicate, e la mancanza di rispetto per esse può comportare sanzioni significative.

Sicurezza e Salute a Singapore: Consigli e Linee Guida per i Visitatori

Singapore è conosciuta per essere una delle città più sicure del mondo, ma è sempre importante essere consapevoli della sicurezza personale e delle questioni legate alla salute durante la visita. Ecco alcuni consigli e linee guida:

Sicurezza Personale:

- **Bassi Tassi di Criminalità:**

    Singapore ha bassi tassi di criminalità, ma è comunque importante essere vigili. Mantieni i tuoi effetti personali al sicuro e fai attenzione alle borse o zaini nelle zone affollate.

- **Rispetto per le Leggi Locali:**

    Rispetta le leggi locali per evitare sanzioni. Ad esempio, il vandalismo e il consumo di droghe sono illegali e possono comportare pene severe.

- **Emergenza e Sicurezza Stradale:**

    In caso di emergenza, chiama il numero di emergenza locale 999 o 112. Rispetta le norme del traffico e fai attenzione quando attraversi la strada.

- **Evita Discussioni:**

Evita discussioni o comportamenti aggressivi. La società di Singapore è nota per la sua cortesia, e il confronto diretto può essere considerato sgradevole.

Salute:

- **Acqua Potabile Sicura:**

    L'acqua del rubinetto a Singapore è potabile e sicura da bere. Puoi riempire le tue bottiglie d'acqua nei numerosi dispenser gratuiti in giro per la città.

- **Assicurazione Sanitaria:**

    Prima di viaggiare, assicurati di avere un'assicurazione sanitaria che copra eventuali spese mediche durante la tua permanenza a Singapore.

- **Vaccinazioni:**

    Verifica se sono necessarie vaccinazioni prima della tua visita. Singapore è solitamente esente da molte malattie tropicali, ma è sempre meglio essere informati.

- **Cibo Sicuro:**

    Il cibo di Singapore è generalmente sicuro per il consumo. Usa il buon senso e scegli ristoranti e bancarelle pulite. Evita cibi crudi o poco cotti se hai dubbi sulla loro freschezza.

- **Protezione Solare:**

    A causa del clima tropicale, proteggiti dalla luce solare intensa con creme solari, cappelli e vestiti leggeri.

- **Zanzariere:**

    In alcune aree, specialmente nelle zone più verdi, potrebbero esserci zanzare. Usa repellenti e, se necessario, dormi in luoghi con zanzariere.

- **Servizi Sanitari di Qualità:**

Singapore offre servizi sanitari di alta qualità. In caso di necessità, recati in uno degli ospedali o centri medici della città.

- **Avvertenze su Durian:**

    Se soffri di problemi di cuore o di pressione sanguigna, consulta un medico prima di consumare il durian, un frutto locale noto per aumentare la pressione sanguigna.

Seguendo questi consigli di sicurezza e salute, potrai goderti appieno la tua visita a Singapore, godendo della sua ospitalità, della sicurezza e della bellezza unica della città.

ESCURSIONI E ATTIVITÀ NELLE VICINANZE

Esplorare i Giardini Botanici di Singapore: Oasi di Bellezza Naturale e Culturale Descrizione Generale:

I Giardini Botanici di Singapore rappresentano un'affascinante oasi di tranquillità, bellezza naturale e diversità botanica. Ecco cosa puoi aspettarti durante la tua visita:

Esperienze Uniche:

- **Orchidee Nazionali di Singapore:**

    - giardini ospitano l'Orchideario Nazionale, con una straordinaria collezione di orchidee, inclusa l'Orchidea Nazionale diSingapore, l'Aranda Majulah.

- **HortPark e Laboratori Botanici:**

    Collegato ai Giardini Botanici, HortPark è un parco tematico che offre workshop, attività educative e laboratori botanici.

Percorsi Scenici:

- **Ginger Garden:**

    Un'area dedicata alle piante di zenzero, offre un'esperienza sensoriale con piante aromatiche e un ponte sospeso tra gli alberi.

- **Eco-Lake:**

    Rilassati vicino al lago Eco e osserva la ricca fauna, inclusi uccelli d'acqua e tartarughe.

National Orchid Garden:

- **Giardino delle Orchidee:**

    Questo gioiello dei Giardini Botanici presenta una vasta

collezione di orchidee, tra cui ibridi unici e rari.

- **Hortus Conclusus:**

    Un giardino segreto all'interno del Giardino delle Orchidee, dedicato agli ibridi e alle orchidee vincitrici di premi.

Eventi e Attività:
- **Concerti e Eventi Culturali:**

    - Giardini Botanici ospitano occasionalmente concerti, spettacoli e eventi culturali. Controlla l'agenda locale per eventualieventi speciali durante la tua visita.

Consigli Pratici:

Indossa abiti comodi e scarpe adatte per esplorare i vasti giardini.

Porta con te una bottiglia d'acqua e protezione solare, specialmente se visiti durante le ore più calde.

Rispetta le regole del giardino, evitando di cogliere fiori o danneggiare le piante.

Goditi una pausa presso uno dei caffè o ristoranti all'interno dei giardini.

Informazioni Utili:

Indirizzo: 1 Cluny Road, Singapore 259569

Orari di Apertura: 5:00 - 24:00 (per i sentieri principali), Orari specifici per alcune sezioni.

Ingresso: L'accesso ai Giardini Botanici è gratuito, ma potrebbe esserci un costo per alcune sezioni come il National Orchid Garden.

Come arrivare

Per raggiungere i Giardini Botanici di Singapore, puoi utilizzare diversi mezzi di trasporto in base alla tua posizione. Ecco alcune opzioni comuni:

Mezzi Pubblici:

- **MRT (Mass Rapid Transit):**

    Prendi la metropolitana (MRT) e scendi alla stazione "Botanic Gardens" sulla linea Downtown Line (DTL) o Circle Line (CCL). I Giardini Botanici sono facilmente accessibili a piedi dalla stazione.

- **Autobus:**

    Numerose linee di autobus servono i Giardini Botanici. Verifica le linee di autobus che passano nella zona e seleziona la fermata più vicina ai giardini.

In Taxi o Auto Privata:

- **Taxi:**

    Puoi prendere un taxi per raggiungere direttamente i Giardini Botanici. Comunica al conducente la destinazione esatta e segui il percorso consigliato.

- **Auto Privata:**

    Se hai un'auto a noleggio o una tua auto, i Giardini Botanici sono facilmente accessibili. Segui le indicazioni stradali e utilizza il parcheggio disponibile nei pressi dei giardini.

A Piedi o in Bicicletta:

- **A Piedi:**

    Se alloggi nelle vicinanze, potresti considerare la possibilità di raggiungere i Giardini Botanici a piedi. Controlla la mappa locale per trovare il percorso più breve.

- **In Bicicletta:**

    Singapore promuove l'uso della bicicletta, e potresti optare per una piacevole passeggiata in bicicletta fino ai Giardini Botanici, approfittando delle piste ciclabili disponibili.

Tour Organizzati:

1. **Tour Locali:**

    Alcuni tour organizzati potrebbero includere i Giardini

Botanici come parte del loro itinerario. Questa potrebbe essere un'opzione comoda se desideri una guida esperta durante la tua visita.

Assicurati di verificare gli orari di funzionamento dei mezzi di trasporto e di consultare le mappe locali per pianificare il percorso migliore in base alla tua posizione. I Giardini Botanici di Singapore sono facilmente accessibili e offrono una piacevole esperienza di esplorazione.

I Giardini Botanici di Singapore offrono un'esperienza immersiva nella bellezza della natura, con paesaggi pittoreschi e una vasta collezione botanica. Sia che tu sia un appassionato di giardini o desideri semplicemente goderti un momento di tranquillità, questo luogo è una tappa imperdibile nella tua visita a Singapore.

ESPLORARE L'ISOLA DI PULAU UBIN: RITORNO AL PASSATO IN UN ANGOLO INCONTAMINATO DI SINGAPORE

Descrizione Generale:

Pulau Ubin è un'isola al largo della costa nord-est di Singapore, conosciuta per la sua atmosfera rurale e la sua bellezza naturale. Ecco cosa puoi aspettarti durante la tua visita:

Esperienze Uniche:

- **Vita Rurale Tradizionale:**

  Pulau Ubin offre una rara opportunità di esplorare la vita rurale tradizionale di Singapore. Lontana dallo skyline urbano, l'isola mantiene un fascino rustico.

- **Esplorazione in Bicicletta:**

  Noleggia una bicicletta e pedala lungo le strade senza traffico di Pulau Ubin. Attraversa giungle, villaggi e sentieri panoramici.

Attrazioni Principali:

- **Chek Jawa Wetlands:**

  Una riserva naturale con mangrovie, spiagge e ricca fauna marina. Puoi esplorare la zona a piedi durante le basse maree.

- **Ketam Mountain Bike Park:**

  Per gli amanti del mountain bike, questo parco offre sentieri avvincenti e panorami spettacolari.

Cultura Locale:

- **Villaggio di Kampong Houses:**

Ammira le tradizionali case kampong (villaggio) che offrono un assaggio della vita comunitaria di un tempo.

Consigli Pratici:

Indossa abiti adatti al clima tropicale e scarpe comode per esplorare l'isola.

Porta con te acqua, cibo e protezione solare, poiché le opzioni possono essere limitate.

Come Arrivare:

- **Traghetto da Changi Point Ferry Terminal:**

    Prendi un traghetto dal Changi Point Ferry Terminal. Il tragitto dura circa 10 minuti. Verifica gli orari dei traghetti in anticipo.

Informazioni Utili:

Orari dei Traghetti: Gli orari dei traghetti possono variare, quindi verifica gli orari attuali prima della tua visita.

Affitto Biciclette: Numerosi noleggi di biciclette sono disponibili sull'isola.

Pulau Ubin offre una fuga unica dalla frenesia urbana di Singapore, permettendoti di esplorare una parte autentica della sua storia e della sua natura. Prepara la tua avventura e goditi un'esperienza rurale indimenticabile.

ESPERIENZA INDIMENTICABILE AL NIGHT SAFARI DI SINGAPORE: UN SAFARI NOTTURNO UNICO AL MONDO

Descrizione Generale:

Il Night Safari di Singapore è il primo parco safari notturno al mondo, offrendo ai visitatori l'opportunità di esplorare la fauna selvatica in un ambiente notturno simulato. Ecco cosa aspettarti durante la tua visita:

Esperienze Uniche:

- **Ambiente Notturno:**

    Esplora la fauna selvatica in un ambiente notturno, offrendo una visione unica dei comportamenti notturni degli animali.

- **Tram del Safari:**

    Salta a bordo del tram del safari per un tour guidato che ti porta attraverso diversi habitat, consentendoti di osservare animali come leoni, tigri e rinoceronti.

Attrazioni Principali:

- **Walking Trails (Sentieri Pedonali):**

    Percorri i sentieri pedonali per avvicinarti ulteriormente a diverse specie di animali. I sentieri portano attraverso diverse zone tematiche, come il Leopard Trail e il Fishing Cat Trail.

- **Creatures of the Night Show:**

    Goditi lo spettacolo "Creatures of the Night", una presentazione interattiva che mette in evidenza le abilità degli animali notturni.

Consigli Pratici:

Prenota i biglietti in anticipo, specialmente nei periodi affollati.
Indossa abiti comodi e scarpe adatte per camminare.
Tieni la fotocamera pronta per catturare i momenti unici della tua esperienza notturna.

Come Arrivare:

Il Night Safari si trova a Singapore, nel Mandai Lake Road. Puoi raggiungere facilmente l'area con taxi, auto a noleggio o mezzi di trasporto pubblici.

Informazioni Utili:

Orari di Apertura: Il Night Safari è aperto tutti i giorni dalle 19:15 alle 00:00.
Biglietti: I prezzi dei biglietti possono variare in base all'età e alle opzioni di esperienza. Verifica i prezzi aggiornati prima della tua visita.

Il Night Safari è un'esperienza emozionante e educativa, offrendo un'opportunità unica per esplorare la fauna selvatica notturna in un ambiente sicuro e controllato. Pianifica la tua visita per immergerti nella magia di questo safari notturno.

Costi e Prenotazione per il Night Safari di Singapore

Costi:

I costi per il Night Safari possono variare in base all'età, alle opzioni di esperienza e agli eventuali pacchetti speciali. I prezzi indicati sono approssimativi e possono essere soggetti a variazioni. Verifica i costi aggiornati sul sito ufficiale o presso i canali di prenotazione autorizzati. Ecco un'indicazione generale:

- **Adulti (12 anni e più):** Circa 49-59 SGD.
- **Bambini (3-12 anni):** Circa 32-39 SGD.

- **Bambini (0-2 anni):** Spesso gratuito o a tariffe ridotte.

Come Prenotare:

- **Sito Ufficiale:**

    La modalità più diretta è prenotare attraverso il sito ufficiale del Night Safari di Singapore. Il sito offre informazioni dettagliate sugli orari, i prezzi e le opzioni disponibili.

- **Piattaforme di Prenotazione Online:**

    Utilizza piattaforme di prenotazione online affidabili e autorizzate, come siti di viaggi o agenzie online. Assicurati che la piattaforma sia ufficiale per evitare frodi.

- **Agenzie di Viaggio Locali:**

    Puoi anche rivolgerti a agenzie di viaggio locali a Singapore per ottenere informazioni sui pacchetti speciali o eventuali offerte.

- **Biglietti in Loco:**

    È possibile acquistare i biglietti direttamente presso la biglietteria del Night Safari. Tuttavia, questa opzione potrebbe comportare code, quindi è consigliabile prenotare in anticipo.

Consigli Pratici:

Prenota in Anticipo:

Il Night Safari è una popolare attrazione turistica, quindi è consigliabile prenotare i biglietti in anticipo per garantire la disponibilità.

Verifica Orari di Apertura:

Prima della tua visita, verifica gli orari di apertura, specialmente durante periodi di festività o eventi speciali.

Pacchetti Speciali:

Alcune piattaforme di prenotazione online o agenzie di viaggio potrebbero offrire pacchetti speciali che includono trasporto, pasti o altri vantaggi. Esplora queste opzioni per un'esperienza più completa.

Ricorda che i prezzi e le modalità di prenotazione possono cambiare, quindi è sempre consigliabile verificare le informazioni più aggiornate prima della tua visita al Night Safari di Singapore.

CONSIGLI UTILI

Numeri d'Emergenza

A Singapore, i numeri d'emergenza sono standard e sono facili da ricordare. In caso di emergenza, puoi contattare i seguenti numeri:

- **Polizia:** 999

    Per segnalare crimini, incidenti stradali o altre emergenze che richiedono l'intervento della polizia.

- **Pompieri:** 995

    Per segnalare incendi o situazioni di emergenza che richiedono l'intervento dei pompieri.

- **Servizio Ambulanze:** 995

    Per richiedere assistenza medica di emergenza o un'ambulanza.

- **Numero d'emergenza Generale:** 112

    Questo numero è universalmente riconosciuto come numero d'emergenza ed è utilizzabile anche a Singapore. Viene spesso utilizzato da chi proviene da paesi europei.

Ricorda che il personale di emergenza a Singapore è altamente qualificato e pronto a rispondere prontamente a qualsiasi situazione di emergenza. Quando chiami un numero d'emergenza, cerca di fornire informazioni chiare sulla situazione e segui le istruzioni del personale di emergenza.

AMBASCIATE E CONSOLATI ITALIANI A SINGAPORE: ASSISTENZA PER I CITTADINI ITALIANI AMBASCIATA D'ITALIA A SINGAPORE:

Indirizzo: 101 Thomson Road, #27-02 United Square, Singapore 307591

Telefono: +65 62506000

Orario di Apertura: Lunedì - Venerdì: 9:00 - 17:00

Consolato Generale d'Italia a Singapore:

Indirizzo: 30 Cecil Street, Prudential Tower #21-02, Singapore 049712

Telefono: +65 62218887

Orario di Apertura: Lunedì - Venerdì: 9:00 - 12:30 (Solo su appuntamento)

Informazioni Importanti:

In caso di emergenza consolare, è possibile contattare l'Ambasciata o il Consolato Generale.

Gli uffici potrebbero essere chiusi durante festività italiane e/o locali, quindi è consigliabile verificare gli orari prima della visita. Per servizi consolari specifici, come la richiesta di passaporti o assistenza consolare, potrebbe essere necessario prenotare un appuntamento in anticipo.

Sia l'Ambasciata che il Consolato Generale offrono supporto e assistenza ai cittadini italiani a Singapore. In caso di necessità, è consigliabile contattare direttamente gli uffici consolari per ottenere informazioni e pianificare eventuali appuntamenti.

UFFICI TURISTICI

A Singapore, troverai uffici turistici e centri di informazione turistica che possono fornire dettagli utili sulle attrazioni, gli eventi e i servizi turistici nella città. Tali uffici sono solitamente situati in luoghi strategici per agevolare i visitatori. Di seguito, sono elencati alcuni degli uffici turistici a Singapore:

Ufficio Turistico presso l'Aeroporto di Changi:

Situato all'interno dell'aeroporto, questo ufficio fornisce informazioni ai visitatori appena arrivati a Singapore.

Centro Informazioni Turistiche presso Orchard Road:

Indirizzo: 216 Orchard Road, orchardgateway, Singapore 238898

Orario di Apertura: 10:30 - 21:30 (Orario può variare)

Centro Informazioni Turistiche presso Chinatown:

Indirizzo: 2 Banda Street (Chinatown Visitor Centre), Singapore 059962

Orario di Apertura: 09:00 - 18:00

Centro Informazioni Turistiche presso Sentosa:

Indirizzo: 39 Artillery Avenue, Imbiah Lookout, Sentosa, Singapore 099958

Orario di Apertura: 09:00 - 18:00

Ufficio Informazioni Turistiche presso Marina Bay Sands:

Indirizzo: Tower 3, 10 Bayfront Avenue, Singapore 018956

Orario di Apertura: 10:00 - 22:00

**Ufficio Informazioni
Turistiche presso Suntec City:**

Indirizzo: 3 Temasek Boulevard, Suntec City Mall, Singapore 038983

Orario di Apertura: 10:30 - 22:00

**Ufficio Turistico presso la
Singapore Visitor Centre
(orchardgateway):**

Indirizzo: 277 Orchard Road, orchardgateway, Singapore 238858

Orario di Apertura: 09:30 - 22:30

Note Importanti:

Gli orari di apertura possono variare, quindi è consigliabile verificare gli orari specifici prima della visita.

Gli uffici turistici offrono mappe gratuite, guide turistiche e informazioni sui trasporti, eventi e attrazioni.

Se hai bisogno di assistenza o informazioni durante la tua visita a Singapore, gli uffici turistici sono luoghi utili da cui iniziare.

Printed by Amazon Italia Logistica S.r.l.
Torrazza Piemonte (TO), Italy